LA COMTESSE

DE CHARNY

PAR

ALEXANDRE DUMAS

14

PARIS
ALEXANDRE CADOT, ÉDITEUR
37, rue Serpente.

1855

LA COMTESSE DE CHARNY

Ouvrages de A. de Gondrecourt.

Le Baron Lagazette.	5 vol.
Le Chevalier de Pampelonne.	5 vol.
Mademoiselle de Cardonne.	3 vol.
Les Prétendants de Catherine.	5 vol.
La Tour de Dago.	5 vol.
Le Bout de l'Oreille.	7 vol.
Un Ami diabolique.	3 vol.
Médine.	2 vol.
La Marquise de Candeuil.	2 vol.
Le Légataire.	2 vol.
Le dernier des Kerven.	2 vol.
Les Péchés mignons.	5 vol.

Ouvrages d'Alexandre Dumas fils.

Le Roman d'une Femme.	4 vol.
Tristan-le-Roux.	3 vol.
Le Docteur Servans.	2 vol.
Césarine.	1 vol.
Aventures de quatre femmes.	6 vol.

Ouvrages de Léon Gozlan.

Georges III.	3 vol.
Aventures du Prince de Galles.	5 vol.
La Marquise de Belverano.	2 vol.

LA COMTESSE
DE CHARNY

PAR

ALEXANDRE DUMAS

14

PARIS
ALEXANDRE CADOT, ÉDITEUR
37, rue Serpente.

1855

I

Un ministre de la façon de madame de Staël.

Gilbert n'avait pas revu la reine depuis le jour où, l'ayant prié de l'attendre un instant dans son cabinet, elle l'y avait laissé pour écouter le plan politique que

M. de Breteuil rapportait de Vienne et qui était conçu en ces termes :

« *Faire de Barnave comme de Mirabeau, gagner du temps, jurer la Constitution, l'exécuter littéralement pour montrer qu'elle est inexécutable, la France se refroidira, s'ennuiera : les Français ont la tête légère, il se fera quelque mode nouvelle et la liberté passera.*

« *Si la liberté ne passe pas, on aura gagné un an, et dans un an, nous serons prêts à la guerre.* »

Six mois s'étaient écoulés depuis cette époque, la liberté n'avait point passé, et il était évident que les souverains étrangers étaient en train d'accomplir leur promesse, et se préparaient à la guerre.

Gilbert fut tout étonné de voir entrer un matin chez lui le valet de chambre du roi.

Sa première idée fût que le roi était malade et l'envoyait chercher.

Mais le valet de chambre le rassura.

On le demandait au château.

Gilbert insista pour savoir qui le demandait; mais le valet de chambre qui sans doute avait ses ordres, ne se départit point de cette formule :

— On vous demande au château.

Gilbert était profondément attaché au roi : il plaignait Marie-Antoinette, plus encore comme femme que comme reine ; elle ne lui inspirait ni amour ni dévouement, mais une profonde pitié.

Il se hâta d'obéir.

On l'introduisit dans l'entresol où l'on recevait Barnave.

Une femme attendait dans un fauteuil et se leva en voyant paraître Gilbert.

Gilbert reconnut madame Elisabeth.

Pour celle-là il avait un profond respect; il savait tout ce qu'il y avait d'angélique bonté dans son cœur.

Il s'inclina profondément devant elle et comprit à l'instant même la situation.

Le roi ni la reine n'avaient osé l'envoyer chercher en leur nom, on mettait madame Elisabeth en avant.

Les premiers mots de madame Elisabeth prouvèrent au docteur, qu'il ne se trompait point dans ses conjectures.

— Monsieur Gilbert, dit-elle, je ne sais si d'autres ont oublié les marques d'intérêt que vous avez données à mon frère à notre retour de Versailles, celles que vous avez données à ma sœur à notre arrivée de Varennes, mais moi, je me souviens.

Gilbert s'inclina.

— Madame, dit-il, Dieu a décidé dans sa sagesse que vous auriez toutes les vertus, même la mémoire, vertu rare de nos jours, et surtout dans les personnes royales.

— Vous ne dites pas cela pour mon

frère, n'est-ce pas M. Gilbert? mon frère me parle souvent de vous, et fait grand' cas de votre expérience.

— Comme médecin, demanda en souriant Gilbert.

— Comme médecin, oui, Monsieur; seulement il croit que votre expérience peut s'appliquer non-seulement à la santé du roi, mais à celle du royaume.

— Le roi est bien bon, Madame, dit Gilbert; pour laquelle des deux santés me fait-il appeler en ce moment?

— Ce n'est pas le roi qui vous fait appeler, Monsieur, dit madame Elisabeth en rougissant un peu, car ce cœur chaste ne savait point mentir, c'est moi.

— C'est vous, Madame, demanda Gilbert ; oh ! ce n'est pas de votre santé que vous êtes inquiète : votre pâleur est celle de la fatigue et de l'inquiétude, mais non celle de la maladie.

— Non, Monsieur, vous avez raison, ce n'est point pour moi, mais pour mon frère, il m'inquiète.

— Moi aussi, Madame, répondit Gilbert.

— Oh ! notre inquiétude ne vient probablement pas de la même source, dit madame Élisabeth, je veux dire comme santé.

Le roi serait-il malade?

— Non, pas précisément, répondit madame Élisabeth, mais le roi est abattu, découragé; tenez, voilà aujourd'hui dix jours (je compte les jours, vous comprenez), voilà aujourd'hui dix jours qu'il n'a dit une seule parole, si ce n'est avec moi, et dans sa partie de trictrac habituelle, où il est obligé de prononcer les mots indispensables à ce jeu.

— Il y a aujourd'hui onze jours, dit

Gilbert, qu'il s'est présenté à la chambre pour lui signifier son veto; pourquoi n'est-il pas devenu muet le matin de ce jour-là, au lieu de perdre la parole le lendemain?

— Votre avis était-il donc, s'écria vivement madame Élisabeth, que mon frère dût sanctionner ce décret?

— Mon avis est, Madame, que, mettre le roi en avant des prêtres, contre le courant qui vient, contre la marée qui monte, contre l'orage qui gronde, c'est vouloir que roi et prêtres soient brisés du même coup.

— Mais à la place de mon pauvre frère, que feriez-vous, Monsieur ?

— Madame, il y a en ce moment un parti qui grandit comme les géants des mille et une nuits, qui, enfermés dans un vase, ont, une heure après que le vase est brisé, cent coudées de hauteur.

— Vous voulez parler des Jacobins, Monsieur ?

Gilbert secoua la tête.

— Non, je veux parler de la Gironde : les Jacobins ne veulent pas la guerre, la Gironde la veut ; la guerre est nationale.

— Mais la guerre, la guerre, à qui, mon Dieu? à l'Empereur, notre frère? au roi d'Espagne, notre neveu? Nos ennemis, monsieur Gilbert, sont en France et non pas hors de France; et la preuve...

Madame Élisabeth hésita.

— Dites, Madame, reprit Gilbert.

Je ne sais, en vérité, si je puis vous dire cela, docteur, quoique ce soit pour cela que je vous ai fait venir.

— Vous pouvez tout me dire, Madame, comme à un homme dévoué et prêt à donner sa vie au roi.

— Monsieur, dit madame Élisabeth,

croyez-vous qu'il existe un contre-poison ?

Gilbert sourit.

— Universel, non, Madame ; mais chaque substance vénéneuse a son antidote, quoique en général, il faut le dire, ces antidotes soient presque toujours impuissants.

— Oh ! mon Dieu !

— Il faudrait savoir si le poison d'abord est un poison minéral ou végétal ; en général les poisons minéraux agissent sur l'estomac et les entrailles, et les poisons végétaux sur le système nerveux, que les uns exaspèrent et que les autres stupéfient. De quel genre de poison voulez-vous parler, Madame?

— Écoutez, — je vais vous dire un grand secret, Monsieur.

— J'écoute, Madame.

— Eh bien! je crains qu'on n'empoisonne le roi.

— Qui voulez-vous qui se rende coupable d'un pareil crime?

— Eh bien! voici ce qui est arrivé : M. Laporte, intendant de la liste civile...

— Oui, Madame.

— Eh bien! M. Laporte nous a fait prévenir qu'un homme des offices du roi, qui s'était établi pâtissier au Palais-Royal, allait rentrer dans les fonctions de sa charge que lui rendait la mort de son survivancier. Eh bien! cet homme, qui est un Jacobin effréné, a dit tout haut que l'on ferait grand bien à la France en empoisonnant le roi.

— En général, Madame, les gens qui veulent commettre un pareil crime ne s'en vantent pas d'avance.

— Oh! Monsieur, ce serait si facile

d'empoisonner le roi ; — par bonheur que celui dont nous nous défions n'a pas dans le palais d'autre détail de bouche que celui de la pâtisserie.

— Alors vous avez pris des précautions, Madame.

— Oui, il a été décidé que le roi ne mangera plus que du rôti, que le pain sera apporté par M. Thierry de Ville-d'Avray, — intendant des petits appartements, qui se charge en même temps de fournir le vin. — Quant aux pâtisseries, comme le roi les aime, madame Campan a reçu l'ordre d'en commander comme pour elle tantôt chez un pâtissier, tantôt chez un autre. — On nous a recommandé de nous défier surtout du sucre râpé.

— Parce que l'on peut y mêler de l'arsenic sans qu'on s'en aperçoive ?

— Justement.

— Oui, en effet, c'est une précaution à prendre.

— C'était l'habitude de la reine de sucrer son eau avec ce sucre ; nous l'avons complétement supprimé. — Le roi, la reine et moi mangeons ensemble, nous avons retranché toute personne de service. — Si l'un de nous a quelque chose à demander, il sonne. — C'est madame

Campan qui, dès que le roi est à table, apporte par une entrée particulière la pâtisserie, le pain et le vin, cache tout cela sous la table, et l'on a l'air de boire le vin de la cave et de manger le pain et la pâtisserie du service. — Voilà comme nous vivons, Monsieur, et cependant nous tremblons à chaque instant, la reine et moi, de voir tout-à-coup pâlir le roi et de lui entendre prononcer ces deux mots terribles : Je souffre.

— Laissez-moi vous affirmer d'abord, Madame, dit le docteur, que je ne crois pas à ces menaces d'empoisonnement, — mais ensuite je ne m'en mets pas moins entièrement au service de Leurs

Majestés. — Que désire le roi? Le roi veut-il me donner une chambre au château, j'y resterai de manière à ce qu'à tout instant on m'y trouve jusqu'au moment où ses craintes...

— Oh! mon frère ne craint rien, reprit vivement madame Élisabeth.

— Je me trompe, Madame, jusqu'au moment où vos craintes seront passées. — J'ai quelque pratique des poisons et des contre-poisons, je me tiendrai prêt à les combattre, de quelque nature qu'ils soient; — mais laissez-moi vous dire, Madame, que, si le roi voulait, il n'aurait bientôt plus rien à craindre.

— Oh! que faut-il donc faire pour cela? dit une voix qui n'était pas celle de madame Élisabeth, et dont le timbre vibrant et accentué fit retourner Gilbert.

Le docteur ne se trompait pas, cette voix, c'était celle de la Reine.

Gilbert s'inclina.

— Madame, dit-il, ai-je besoin de renouveler à la reine les protestations que je faisais tout à l'heure à madame Élisabeth?

— Non, Monsieur, non, j'ai tout entendu; je voulais seulement savoir dans quelles dispositions vous étiez encore à notre égard.

— La reine a douté de la solidité de mes sentiments ?

— Ah ! Monsieur, tant de têtes et tant de cœurs tournent au vent de ces tempêtes, qu'on ne sait vraiment plus à qui se fier.

— Et c'est pour cela que la reine va recevoir de la main des Feuillants un ministre façonné par madame de Staël.

La reine tressaillit.

— Vous savez cela, dit-elle.

— Je sais que Votre Majesté est engagée avec M. de Narbonne.

— Et vous me blâmez, sans doute?

— Non, Madame, c'est un essai comme un autre. — Quand le roi aura essayé de tout, peut-être finira-t-il par où il eût dû commencer.

— Vous avez connu madame de Staël, Monsieur? demanda la reine.

— J'ai eu cet honneur, Madame; en sortant de la Bastille, je me suis présenté chez elle, et c'est par M. Necker que j'ai su que c'était à la recommandation de la reine que j'avais été arrêté.

La reine rougit visiblement, puis avec un sourire :

— Nous avions promis de ne point revenir sur cette erreur.

— Je ne reviens pas sur cette erreur, Madame, je réponds à une question que Votre Majesté me fait la grâce de m'adresser.

— Que pensez-vous de M. Necker ?

— C'est un brave allemand composé d'éléments en désaccord, qui, en passant par le barroque, s'élève jusqu'à l'emphase.

— Mais n'étiez-vous point de ceux qui aviez poussé le roi à le reprendre?

— M. Necker était, à tort ou à raison, l'homme le plus populaire du royaume. J'ai dit au roi : Sire, appuyez-vous sur sa popularité.

— Et de madame de Staël?

— Sa Majesté me fait l'honneur, je crois, de me demander ce que je pense de madame de Staël?

— Oui.

— Mais comme physique, elle a le nez gros, les traits gros, la taille grosse.

La reine sourit; femme, il ne lui était pas désagréable d'entendre dire d'une autre femme dont on s'occupait beaucoup qu'elle n'était pas belle.

— Continuez, dit-elle.

— Sa peau est d'une qualité médiocrement attirante, ses gestes sont plutôt énergiques que gracieux, sa voix est rude parfois à faire douter que ce soit une femme; avec tout cela, elle a vingt-quatre ou vingt-cinq ans, un cou de déesse, de magnifiques cheveux noirs, des dents superbes, un œil plein de flammes; son regard est un monde.

— Mais au moral, comme talent, comme mérite? se hâta de demander la reine.

— Elle est bonne et généreuse, Madame; pas un de ses ennemis ne restera son ennemi après l'avoir entendu parler un quart d'heure.

— Je parle de son génie, Monsieur; — on ne fait pas de la politique seulement avec le cœur.

— Madame, le cœur ne gâte rien, même en politique; — quant au mot *génie* que Votre Majesté a prononcé, soyons avares de ce mot, — madame de Staël a un grand et immense talent, mais qui ne s'élève pas jusqu'au génie ; quelque chose de lourd, mais de fort, d'épais, mais de puissant, pèse à ses pieds quand elle veut quitter la terre. Il y a d'elle à Jean-Jacques, son maître, la différence qu'il y a du fer à l'acier.

— Vous parlez de son talent comme écrivain, Monsieur, — parlez-moi un peu de la femme politique.

— Sous ce rapport, à mon avis, Madame, répondit Gilbert, on donne à madame de Staël beaucoup plus d'importance qu'elle n'en mérite; depuis l'émigration de Monsieur et de Lally, son salon est la tribune du parti anglais aristocratique avec ses deux chambres. Comme elle est bourgeoise et très-bourgeoise, elle a la faiblesse d'adorer les grands seigneurs; — elle admire les Anglais, parce qu'elle croit le peuple anglais un peuple éminemment aristocrate; elle ne sait pas l'histoire de l'Angleterre, — elle ignore le mécanisme de son gouvernement, de sorte qu'elle prend pour des gentilshommes du temps des croisades ses nobles d'hier, — puisés incessamment en bas; — les autres peuples, avec du vieux, font parfois du neuf;

l'Angleterre, avec du neuf, fait constamment du vieux.

—Vous croyez que c'est ce sentiment-là qui lui fait nous proposer Narbonne?

— Ah! cette fois, Madame, deux amours sont combinés : l'amour de l'aristocratie et l'amour de l'aristocrate.

Vous croyez que madame de Staël aime M. de Narbonne à cause de son aristocratie?

— Ce n'est point à cause de son mérite, au moins.

— Mais nul n'est moins aristocrate

que M. de Narbonne ; on ne connaît même pas son père.

— Ah ! parce qu'on n'ose pas regarder du côté du soleil.

— Voyons, monsieur Gilbert, je suis femme, aimant les caquets, par conséquent ; que dit-on de M. de Narbonne ?

— Mais on dit qu'il est roué, brave, spirituel.

— Je parle de sa naissance.

— On dit que, quand le parti jésuite fit chasser Voltaire, Machault et d'Argenson, ceux qu'on appellait les philosophes enfin, il lui fallut lutter contre madame de Pompadour. — Or, les traditions du régent étaient là : on savait ce que peut l'amour paternel doublé d'un autre amour, alors on choisit, — les jésuites ont la main heureuse pour ces sortes de choix, Madame ; — alors on choisit une fille du roi, — et l'on obtint d'elle qu'elle se dévouât à l'œuvre incestueusement héroïque : de là ce charmant cavalier dont on ignore le père, comme dit Votre Majesté, non point parce que sa naissance se perd dans l'obscurité, — mais se fond dans la lumière.

— Alors vous ne croyez pas comme

les Jacobins, comme M. de Robespierre, par exemple, que M. de Narbonne sort de l'ambassade de Suède ?

— Si fait, Madame, seulement il sort du boudoir de la femme et non du cabinet du mari. — Supposer que M. de Staël soit pour quelque chose là-dedans, ce serait supposer qu'il est le mari de sa femme. — Oh ! mon Dieu non, ce n'est point une trahison d'ambassadeur, Madame, c'est une faiblesse d'amante ; — il ne faut rien moins que l'amour, ce grand, cet éternel fascinateur, pour pousser une femme à mettre aux mains de ce roué frivole la gigantesque épée de la révolution.

— Parlez-vous de celle qu'a baisée M. Isnard au club des Jacobins?

— Hélas! Madame, je parle de celle qui est suspendue sur votre tête.

— Ainsi, à votre avis, monsieur Gilbert, nous avons tort d'accepter M. de Narbonne comme ministre de la guerre?

— Vous feriez mieux, Madame, de prendre tout de suite celui qui lui succédera.

— Qui donc?

— Dumouriez.

— Dumouriez, un officier de fortune?

— Ah! Madame, voilà le grand mot lâché, et encore, vis-à-vis de celui qu'il frappe, est-il injuste!

— M. Dumouriez n'a-t-il pas été simple soldat?

— M. Dumouriez, je le sais bien, Madame, n'est pas de cette noblesse de cour à laquelle on sacrifie tout; M. Dumouriez, noble de province, ne pouvant ni obtenir ni acheter un régiment, s'est engagé comme simple hussard; — à vingt ans il s'est fait hacher à coups de sabre par cinq ou six cavaliers, ne voulant pas se rendre, et malgré ce trait de courage, malgré une intelligence réelle, il a langui dans les grades inférieurs.

— Oui, intelligence qu'il a développée en servant d'espion à Louis XV.

— Pourquoi appeler en lui espionnage ce que vous appelez diplomatie dans les autres? — Je sais bien qu'à l'insu des ministres du roi il entretenait une correspondance avec le roi. Quel est le noble de cour qui n'en eût pas fait autant?

— Mais, Monsieur, s'écria la reine, trahissant sa profonde étude de la politique par les détails dans lesquels elle entrait, c'est un homme essentiellement immoral que celui que vous me recommandez; — il n'a nul principe, nul sentiment de l'honneur. — M. de Choiseul m'a dit à moi que Dumouriez lui avait présenté deux projets relatifs aux Corses, — un pour les asservir, l'autre pour les délivrer.

— C'est vrai, Madame, mais il a oublié de vous dire que le premier fut préféré, et que Dumouriez se battit bravement dans ce but.

— Le jour où nous accepterons M. Dumouriez pour ministre, c'est comme si nous faisions une déclaration de guerre à l'Europe.

— Eh! Madame, dit Gilbert, la déclaration est faite dans tous les cœurs. — Savez-vous ce que les registres des départements donnent de citoyens inscrits pour partir volontairement? Six cent mille. — Dans le Jura, les femmes ont déclaré que les hommes pouvaient partir, — et que, si on voulait leur donner des piques, elles s'offraient à garder le pays.

— Vous venez de prononcer un mot qui me fait frémir, dit la reine.

— Excusez-moi, Madame, dit Gilbert, et dites-moi lequel, pour qu'il ne m'arrive plus un pareil malheur.

— Vous venez de prononcer le mot de pique; — oh! les piques de 89, Monsieur!... Je vois encore les têtes de mes deux pauvres gardes du corps au bout de deux piques.

— Et cependant, Madame, c'est une femme, une mère, qui a proposé d'ouvrir une souscription pour faire fabriquer des piques.

— Est-ce aussi une femme et une mère qui a fait adopter par vos Jacobins le bonnet rouge, couleur de sang?

— Voilà encore où Votre Majesté est

dans l'erreur, répondit Gilbert ; on a voulu consacrer l'égalité par un symbole ; on ne pouvait pas décréter que tous les Français porteraient un costume pareil ; on adopta, pour plus de facilité, une partie seulement du costume, le bonnet des pauvres paysans ; — seulement on préféra la couleur rouge, non pas parce que c'est la sombre couleur du sang, mais, au contraire, parce que le rouge est gai, éclatant, agréable à la foule.

— C'est bien, docteur, dit la reine, je ne désespère pas, tant vous êtes partisan des inventions nouvelles, vous voir un jour venir tâter le pouls du roi avec la pique à la main et le bonnet rouge sur la tête.

Et, moitié railleuse, moitié amère, voyant qu'elle ne pouvait sur aucun point entamer cet homme, la reine se retira.

Madame Élisabeth s'apprêtait à la suivre, mais Gilbert, d'une voix presque suppliante :

— Madame, dit-il, vous aimez votre frère, n'est-ce pas?

— Oh! dit madame Élisabeth, ce n'est pas de l'amour que j'ai pour lui, c'est de l'adoration.

— Et vous êtes disposée à lui transmettre un bon conseil, un conseil venant d'un ami, n'est-ce pas?

— Oh! dites, si le conseil est véritablement bon.

— A mon point de vue, excellent.

— Eh bien alors, dites.

— Eh bien! c'est, quand son ministre feuillant sera tombé, et ce ne sera pas long, de prendre un ministre coiffé de ce bonnet rouge qui fait tant peur à la reine.

Et, saluant profondément madame Élisabeth, il sortit.

II

Dumouriez.

Nous avons rapporté cette conversation de la reine et du docteur Gilbert pour interrompre le cours toujours un peu monotone d'un récit historique et pour montrer un peu moins sèchement dans un tableau chronologique la succession des événements et la situation des partis.

Le ministère Narbonne dura trois mois.

Un discours de Vergniaud le tua.

De même que Mirabeau avait dit : Je vois d'ici la fenêtre, Vergniaud, à la nouvelle que l'impératrice de Russie avait traité avec la Turquie, et que l'Autriche et la Prusse avaient signé le 7, à Berlin, un traité d'alliance offensive et défensive, — Vergniaud monta à la tribune et s'écria :

— Et moi aussi, je puis le dire, — de ce palais je vois la tribune où se trouve la contre-révolution, où l'on prépare les manœuvres qui doivent nous livrer à l'Autriche. — Le jour est venu où vous pouvez mettre un terme à tant d'audace et confondre les conspirateurs ; l'épouvante et la terreur sont souvent sorties de ce palais, dans les temps antiques, au nom du despotisme ; — que l'épouvante et la terreur y rentrent aujourd'hui au nom de la loi.

Et, par un geste puissant, le magnifique orateur sembla chasser devant lui les deux filles échevelées de la peur et de l'effroi.

Elles rentrèrent en effet aux Tuileries, et Narbonne, élevé par un souffle d'amour, fut renversé par un souffle de tempête.

Cette chute avait lieu vers le commencement de mars 1792.

Ainsi, trois mois à peine après l'entrevue de la reine avec Gilbert, un homme petit de taille, leste, dispos, nerveux, à la tête spirituelle où étincelaient des yeux pleins de flamme, âgé de cinquante-six ans, quoiqu'il parût dix ans de moins, le visage couvert des teintes brunes des bivouacs, était-il introduit chez le roi Louis XVI.

Il était vêtu de l'uniforme de maréchal de camp.

Il ne resta qu'un instant seul dans le salon où il avait été introduit; bientôt la porte s'ouvrit et le roi parut.

C'était la première fois que les deux hommes se trouvaient en face l'un de l'autre.

Le roi jeta sur le petit homme un regard terne et lourd, qui n'était pas néanmoins exempt d'observation; le petit homme fixa sur le roi un œil scrutateur, plein de confiance et de feu.

Personne n'était resté là pour annoncer l'étranger, ce qui prouvait que l'étranger était annoncé d'avance.

— C'est vous monsieur Dumouriez? dit le roi.

Dumouriez s'inclina.

— Oui, Sire, répondit-il.

— Depuis quand êtes-vous à Paris?

— Depuis le commencement du mois de février, Sire.

— C'est M. de Narbonne qui vous a fait venir?

— Pour m'annoncer que j'étais employé à l'armée d'Alsace, sous le maréchal Luckner, et que j'allais commander la division de Besançon.

— Vous n'êtes point parti cependant.

— Sire, j'ai accepté, mais j'ai fait pourtant cette observation à M. de Narbonne, que la guerre étant prochaine...

Louis XVI tressaillit visiblement.

— Et menaçant d'être générale, continua Dumouriez, sans paraître remarquer le tressaillement, je croyais qu'il était bon de s'occuper du midi, où l'on pouvait être attaqué au dépourvu; — que je croyais utile de faire, en conséquence, un plan de défensive pour le midi, et d'y destiner un général en chef et une armée.

— Oui, et vous avez donné votre plan à M. de Narbonne après l'avoir communiqué à M. Gensonné et à plusieurs membres de la Gironde.

— M. Gensonné est mon ami, et je le crois comme moi, un ami de Votre Majesté.

— Alors, dit le roi en souriant, j'ai affaire à un Girondin ?

— Vous avez affaire, Sire, à un patriote, fidèle sujet de son roi.

Louis XVI mordit ses grosses lèvres.

— Et c'est pour servir plus efficacement le roi et la patrie que vous avez refusé la place de ministre des affaires étrangères par intérim?

— Sire, j'ai d'abord répondu que je préférais le commandement qui m'était promis à un ministère par intérim ou sans intérim; je suis un soldat et non un diplomate.

— On m'a au contraire assuré que vous étiez l'un et l'autre, dit le roi.

— On m'a fait trop d'honneur, Sire.

— Et c'est sur cette assurance que j'ai insisté.

— Oui, Sire, et que j'ai continué de refuser malgré mon grand regret de refuser de vous obéir.

— Et pourquoi refusez-vous?

— Parce que la situation est grave, Sire, elle vient de renverser Narbonne et de compromettre Delessert; tout homme qui se croit quelque chose a donc le droit ou de ne pas se laisser employer ou de demander qu'on l'emploie selon sa valeur. — Or, Sire, — je vaux quelque chose ou je ne vaux rien. — Si je ne vaux rien, laissez-moi dans mon obscurité. — Qui sait pour quel destin vous m'en feriez sortir? Si je vaux quelque chose, ne faites pas de moi un ministre d'un jour, un pouvoir d'un instant, — mais donnez-moi sur quoi m'appuyer, pour que vous puissiez vous appuyer sur moi. — Nos affaires, — pardon, Votre Majesté voit que je fais de ses affaires les miennes, — nos affaires sont en trop grande défaveur en pays étranger pour que les cours puissent traiter avec un ministre *intérimaire*. — Cet *intérim*, excusez la franchise d'un soldat — (rien n'était moins franc que Dumouriez, mais dans certaines circonstances il tenait à le paraître), — cet intérim serait une maladresse contre laquelle s'élèverait l'Assemblée et qui me dépopulariserait près d'elle. — Je dirai plus, — cet intérim — compromettrait le roi, — qui aurait l'air de tenir à son ancien ministère, et qui semblerait n'attendre qu'une occasion d'y revenir.

— Si c'était mon intention, — vous croyez donc que la chose me serait impossible, Monsieur?

— Je crois, Sire, qu'il est temps que Votre Majesté rompe une bonne fois avec le passé.

— Oui, — et que je me fasse Jacobin, n'est-ce pas? — Vous avez dit cela à Laporte.

— Ma foi, si Votre Majesté faisait cela, elle embarrasserait bien tous les partis.

— Pourquoi ne me conseillez-vous pas tout de suite de mettre le bonnet rouge?

— Eh! Sire, si c'était un moyen, dit Dumouriez.

Le roi regarda un instant, avec une certaine défiance, l'homme qui venait de lui faire cette réponse, puis continua :

— Ainsi, c'est un ministère sans *intérim* que vous voulez, Monsieur?

— Je ne veux rien, Sire, — je suis prêt à recevoir les ordres du roi ; — seulement, j'aimerais mieux que les ordres du roi m'envoyassent à la frontière que de me retenir à Paris.

— Et si je vous donnais, au contraire, l'ordre de rester à Paris et de prendre définitivement le portefeuille des affaires étrangères, que diriez-vous?

Dumouriez sourit.

— Je dirais, Sire, que Votre Majesté est revenue des préventions qu'on lui avait inspirées contre moi.

— Eh bien! oui, entièrement. — Monsieur Dumouriez, vous êtes mon ministre.

— Sire, je me dévoue entièrement à votre service, — mais...

— Des restrictions ?

— Des explications, Sire.

— Dites, — je vous écoute.

— Sire, la place de ministre n'est plus la même qu'elle était autrefois ; — sans cesser d'être le fidèle serviteur de Votre Majesté, en entrant au ministère, — je deviens l'homme de la nation. Ne me demandez donc pas, à partir d'aujourd'hui, ce langage auquel vous ont habitué mes prédécesseurs ; je ne saurai parler que selon la liberté et la constitution. Renfermé dans mes fonctions, je ne vous ferai point ma cour, je n'aurai pas le temps, et je romprai toute étiquette royale pour mieux servir mon roi; je ne travaillerai qu'avec vous ou au conseil, — et ce travail, je vous le dis d'avance, Sire, sera une lutte.

— Une lutte, Monsieur, et pourquoi?

— Oh! c'est bien simple, Sire, — presque tout votre corps diplomatique est ouvertement contre-révolutionnaire; — je vous engagerai à le changer; je contrarierai vos goûts dans les choix; — je proposerai à Votre Majesté des sujets qu'elle ne connaîtra pas même de nom, d'autres qui lui déplairont.

— Et dans ce cas, Monsieur, interrompit vivement Louis XVI...

— Dans ce cas, Sire, quand la répugnance de Votre Majesté sera trop forte, — trop motivée, — comme vous êtes le maître, Sire, — j'obéirai; — mais si vos choix sont suggérés par votre entourage et visiblement dans le cas de vous compromettre, — je supplierai Votre Majesté de me donner un successeur. Sire, pensez aux dangers terribles qui assiégent votre trône, il faut le soutenir de la confiance publique; — Sire, elle dépend de vous.

— Permettez que je vous arrête, Monsieur.

— Sire !

Et Dumouriez s'inclina.

— Ces dangers, — j'y ai songé depuis longtemps.

Puis étendant la main vers le portrait de Charles Ier, par Van-Dyck :

— Et, continua Louis XVI en essuyant son front avec son mouchoir, — je voudrais les oublier, que voilà un tableau qui m'en ferait souvenir.

— Sire !!...

— Attendez, — je n'ai pas fini, Monsieur. — La situation est la même, les dangers sont donc pareils; peut-être l'échafaud de Withe-Hall se dressera-t-il sur la place de Grève.

— C'est voir trop loin, Sire.

— C'est voir à l'horizon, Monsieur. — En ce cas, je marcherai à l'échafaud, comme y a marché Charles Ier, — non point peut-être en chevalier comme lui, mais du moins en chrétien. — Continuez, Monsieur.

Dumouriez s'arrêta, assez étonné de cette fermeté à laquelle il ne s'attendait pas.

— Sire, dit-il, permettez-moi de conduire la conversation sur un autre terrain.

— Comme vous voudrez, Monsieur, répondit le roi, mais je tiens à prouver que je ne crains pas l'avenir que l'on veut me faire craindre, — ou que, si je le crains, — du moins j'y serai préparé.

— Sire, dit Dumouriez, — malgré ce que j'ai eu l'honneur de vous dire, — dois-je toujours me regarder comme votre ministre des affaires étrangères?

— Oui, Monsieur.

— Alors, au premier conseil j'apporterai quatre dépêches ; — je préviens le roi qu'elles ne ressembleront en rien, ni pour les principes ni pour le style, à celles de mes prédécesseurs, elles conviennent aux circonstances.

Si ce premier travail agrée à Votre Majesté, — je continuerai, sinon, Sire, j'aurai toujours mes équipages prêts pour aller servir la France et mon roi à la frontière ; — et, quoi qu'on ait dit à Votre Majesté de mes talents en diplomatie, ajouta Dumouriez, la guerre est mon véritable élément et l'objet de tous mes travaux depuis trente-six ans.

Sur quoi il s'inclina pour sortir.

— Attendez, dit le roi, — nous voici d'accord sur un point, mais il en reste six autres à arrêter.

— Mes collègues?

— Oui; je ne veux pas que vous veniez me dire que vous êtes empêché par tel ou tel. — Choisissez votre ministère, Monsieur.

— Sire, c'est une grave responsabilité que vous me donnez là.

— Je crois servir vos désirs en vous en chargeant.

— Sire, dit Dumouriez, — je ne connais personne à Paris, — excepté un nommé Lacoste, que je recommande à Votre Majesté pour la marine.

— Lacoste, dit le roi, — n'est-ce pas un simple commissaire ordonnateur ?

— Oui, Sire, qui a donné sa démission à M. de Boyne, plutôt que de participer à une injustice.

— C'est une bonne recommandation; et pour les autres, dites-vous ?

— Je consulterai, Sire.

— Puis-je savoir qui vous consulterez ?

— Brissot, — Condorcet, — Pétion, — Rœderer, — Gensonné.

— Toute la Gironde, enfin.

— Oui, Sire.

— Allons, va pour la Gironde, nous verrons si elle s'en tirera mieux que les constitutionnels et les feuillants.

— Puis reste encore une chose, Sire.

— Laquelle?

— A savoir si les quatre lettres que je vais écrire vous conviendront.

— C'est ce que nous saurons ce soir, Monsieur.

— Ce soir, Sire?

— Oui, les choses pressent. — Nous

aurons un conseil extraordinaire qui se composera de vous, de Degrave, de Cahier de Gerville...

— Mais Duport-Dutertre?

— Il a donné sa démission.

— Je serai ce soir aux ordres de Sa Majesté.

Et Dumouriez s'inclina pour prendre congé.

— Non, dit le roi, attendez un instant, — je veux vous compromettre.

En ce moment la reine Marie-Antoinette et madame Élisabeth parurent.

Elles tenaient leurs livres de prière à la main.

— Madame, dit le roi, voici M. Dumouriez qui promet de nous bien servir et avec lequel nous allons arrêter ce soir un nouveau ministère.

Dumouriez s'inclina, tandis que la reine regardait avec curiosité ce petit homme qui devait avoir tant d'influence sur les affaires de la France.

— Monsieur, dit-elle, connaissez-vous le docteur Gilbert?

— Non, Madame, répondit Dumouriez.

— Eh bien, faites sa connaissance, Monsieur.

— Puis-je savoir à quel titre la reine me le recommande ?

— Comme un excellent prophète; il y a trois mois qu'il m'a prédit que vous seriez le successeur de M. de Narbonne.

En ce moment on ouvrit les portes du cabinet du roi qui allait à la messe.

Dumouriez sortit à sa suite.

Tous les courtisans s'écartèrent de lui comme d'un pestiféré.

— Quand je vous le disais, lui souffla le roi en riant, vous voilà compromis.

— Vis-à-vis de l'aristocratie, Sire, répondit Dumouriez en s'inclinant, c'est une nouvelle grâce que le roi daigne me faire.

Et il se retira.

III

Derrière la tapisserie.

Le soir, à l'heure dite, — Dumouriez entra avec ses quatre dépêches ; — Degrave et Cahier de Gerville étaient déjà réunis et attendaient le roi.

Comme si le roi lui-même n'eût attendu que l'entrée de Dumouriez pour paraître, à peine celui-ci fût-il entré par une porte, que le roi entra par l'autre.

Les deux ministres se levèrent vivement ; Dumouriez était encore debout et n'eut besoin que de s'incliner ; le roi salua d'un signe de tête.

Puis, prenant un fauteuil et se plaçant au milieu de la table :

— Messieurs, dit-il, asseyez-vous.

Il sembla alors à Dumouriez que la porte par laquelle était entré le roi était restée ouverte et que la tapisserie s'agitait.

Était-ce le vent? était-ce le contact d'une personne écoutant à travers ce voile qui interceptait la vue, mais laissait passer le son ?

Les trois ministres s'assirent.

— Avez-vous vos dépêches, Monsieur? demanda le roi à Dumouriez.

— Oui, Sire.

— Et il tira les quatre lettres de sa poche.

— A quelles puissances sont-elles adressées? demanda Louis XVI.

— A l'Espagne, à l'Autriche, à la Prusse, à l'Angleterre.

— Lisez-les.

Dumouriez jeta un second regard vers la tapisserie, et à son mouvement, il vit que quelqu'un écoutait.

Il commença la lecture des dépêches d'une voix ferme.

Le ministre parlait au nom du roi, mais dans le sens de la constitution.

Sans menace, mais aussi sans faiblesse.

Il discutait les véritables intérêts de

chaque puissance relativement à la révolution française.

Comme chaque puissance se plaignait de son côté des pamphlets des Jacobins, il rejeta ces injures méprisables sur cette liberté de la presse dont le soleil, fait éclore tant de vermine impure, mais en même temps mûrit de si riches moissons.

Enfin, il demandait la paix, mais sans faiblesse, et au nom d'une nation libre dont le roi était le représentant héréditaire.

Le roi écouta, et à chaque nouvelle

dépêche prêta une attention plus soutenue.

— Sire, dit-il, lorsque Dumouriez eut fini, — je n'ai encore rien entendu de pareil, général.

— Ah! dit Cahier de Gerville, voilà comment les ministres devraient toujours écrire et parler au nom des rois.

Eh bien! dit le roi, donnez-moi ces dépêches, elles partiront demain.

— Sire, les courriers sont prêts et attendent dans la cour des Tuileries, dit Dumouriez.

— J'eusse désiré en garder un double

pour les communiquer à la reine, fit le roi avec un certain embarras.

— J'ai prévu le désir de Votre Majesté, dit Dumouriez, et voici quatre copies, — certifiées par moi conforme.

— Faites donc partir vos lettres fit le roi.

Dumouriez alla jusqu'à la porte, par laquelle il était entré, un aide-de-camp attendait, il lui remit les lettres.

Un instant après, on entendit le galop de plusieurs chevaux qui sortaient ensemble de la cour d'honneur.

— Soit, dit le roi répondant à sa pensée, lorsque ce bruit significatif se fut éteint ; et maintenant voyons votre ministère.

— Sire, dit Dumouriez, je désirais d'abord que Votre Majesté pria M. Cahier de Gerville de vouloir bien demeurer des nôtres.

— Je lui en ai déjà exprimé mon désir dit le roi.

— Et j'ai eu le regret de persister, Sire, ma santé se détruit de jour en jour et j'ai besoin de repos.

— Vous l'entendez, Monsieur, dit le roi, se retournant du côté de Dumouriez.

— Oui, Sire.

— Eh bien! insista le roi, — vos ministres, Monsieur.

— Nous avons M. de Grave, qui veut bien nous rester.

De Grave étendit la main.

— Sire, dit-il, le langage de M. Dumouriez vous a étonné tout à l'heure par sa franchise, le mien va vous étonner bien davantage par son humilité.

— Parlez, Monsieur, dit le roi.

— Tenez, Sire, dit-il, tirant de sa poche un papier, voici une appréciation, un peu sévère, peut-être, que fait de moi une femme de beaucoup de mérite. — Ayez la bonté de la lire.

Le roi prit le papier et lut :

« De Grave est à la guerre ; c'est un petit homme à tous égards ; la nature l'a fait doux et timide ; ses préjugés lui commandent la fierté, tandis que son cœur lui inspire d'être aimable ; il en résulte que, dans son embarras de tout concilier, il n'est véritablement rien. — Il me semble le voir marcher en courtisan sur les talons du roi, la tête haute sur son faible corps, montrant le blanc de ses yeux bleus, qu'il ne peut tenir ouverts après le repas qu'à l'aide de trois ou quatre tasses de café, — parlant peu, comme par réserve, mais, en réalité, parce qu'il manque d'idées, en perdant si bien la tête au milieu des affaires de son département qu'un jour ou l'autre, il demandera à se retirer. »

— En effet, dit Louis XVI, qui avait hésité à lire jusqu'au bout, et qui ne l'avait fait que sur les invitations de de Grave lui-même, — voilà bien une appréciation de femme. — Serait-ce de madame de Staël ?

— Non, c'est de plus fort que cela, c'est de madame Roland, Sire.

— Et vous dites, monsieur de Grave, que tel était votre avis sur vous-même.

— En beaucoup de points, Sire. Je resterai donc au ministère, jusqu'au moment où j'aurai mis mon successeur au courant; après quoi je prierai Votre Majesté de recevoir ma démission.

— Vous aviez raison, Monsieur, voici un langage encore plus étonnant que celui de M. Dumouriez. — J'aimerais, si vous tenez absolument à vous retirer, recevoir un successeur de votre main.

— J'allais prier Votre Majesté de me permettre de lui présenter M. Servan, honnête homme dans toute l'acception du mot, d'une trempe ardente, de mœurs pures, avec toute l'austérité d'un philosophe et la bonté de cœur d'une femme; — avec tout cela, Sire, patriote éclairé, militaire courageux, ministre vigilant.

— Va pour M. Servan. — Nous voilà donc avec trois ministres : M. Dumouriez, aux affaires étrangères; — M. Servan, à la guerre; — M. Lacoste, à la marine. — Qui mettrons-nous aux finances?

— M. Clavières, Sire, si vous le voulez bien. — C'est un homme qui a de grandes connaissances financières, et une grande habileté au maniement de l'argent.

— Oui, en effet, dit le roi, on le dit actif et travailleur ; — mais irascible, opiniâtre, pointilleux et difficile dans la discussion.

— Ce sont là des défauts communs à tous les hommes de cabinet, Sire.

— Passons donc par-dessus les défauts de M. Clavières ; voilà M. Clavières, ministre des finances. — Voyons, la justice, à qui la donnerons-nous ?

— On me recommande, Sire, un avocat de Bordeaux, M. Duranton.

— La Gironde, bien entendu.

— Oui, Sire. — C'est un homme assez éclairé, — très-droit, très-bon citoyen, mais faible et lent; nous lui mettrons le feu sous le ventre, et nous serons forts pour lui.

— Reste l'intérieur.

— L'avis unanime, Sire, est que ce ministère convient à M. Roland.

— A madame Roland, vous voulez dire.

— A Monsieur et à madame Roland.

— Vous les connaissez ?

— Non, Sire ; mais, à ce que l'on assure, l'un ressemble à un homme de Plutarque, l'autre à une femme de Tite-Live.

— Savez-vous comment on va appeler votre ministère, monsieur Dumouriez ?

— Non, Sire.

— Le ministère *sans-culotte*.

— J'accepte la dénomination, Sire ;

on verra d'autant mieux que nous sommes des hommes.

— Et tous vos collègues sont prêts ?

— Deux ou trois seulement sont prévenus.

— Les autres accepteront ?

— J'en suis sûr.

— Eh bien! allez, Monsieur, et à après-demain le premier conseil.

— A après-demain, Sire.

— Vous savez, dit le roi, se retournant vers Cahier de Gerville et de Grave, que vous avez jusqu'à après-demain pour faire vos réflexions, Messieurs.

— Sire, nos réflexions sont faites, et nous ne viendrons après-demain que pour installer nos successeurs.

Les trois ministres se retirèrent.

Mais, avant qu'ils n'eussent gagné le grand escalier, un valet de chambre courait après eux, et, s'adressant à Dumouriez :

— Monsieur le général, dit-il, le roi vous prie de me suivre ; il a quelque chose à vous dire.

Dumouriez salua ses collègues, et restant en arrière :

— Le roi, ou la reine, dit-il.

— La reine, Monsieur ; mais elle a jugé inutile de dire devant ces deux messieurs, que c'était elle qui vous demandait.

Dumouriez secoua la tête.

— Ah! voilà ce que je craignais, dit-il.

— Refusez-vous! demanda le valet de chambre, qui n'était autre que Weber.

— Non, je vous suis.

— Venez.

Le valet de chambre, par des corridors à peine éclairés, conduisit Dumouriez à la chambre de la reine.

Puis, sans annoncer le général par son nom :

— Voici la personne que Votre Majesté demande, dit le valet de chambre.

Dumouriez entra.

Jamais, au moment d'exécuter une charge, ou de monter à la brêche, le cœur du général avait battu si violemment.

C'est qu'il le comprenait bien, — jamais il n'avait couru le même danger.

Le chemin qu'on venait de lui ouvrir était semé de cadavres morts ou vivants, et il avait pu y heurter le corps de Calonne, de Necker, de Mirabeau, de Barnave et de Lafayette.

La reine se promenait à grands pas, elle était très-rouge.

Dumouriez s'arrêta au seuil de la porte, qui se referma derrière lui.

La reine s'avança d'un air majestueux et irrité.

— Monsieur, lui dit-elle, abordant la question avec sa vivacité ordinaire, —vous êtes tout puissant en ce moment; mais c'est par la faveur du peuple, et le peuple brise vite ses idoles. — On dit que vous avez beaucoup de talent. — Ayez d'abord celui de comprendre que ni moi, ni le roi, ne pouvons souffrir toutes ces nouveautés. Votre constitution est une machine pneumatique, la royauté y étouffe, faute d'air. — Je vous ai donc envoyé chercher pour vous dire, avant que vous n'alliez plus loin, de prendre votre parti et de choisir entre nous et les Jacobins.

— Madame, répondit Dumouriez, — je suis désolé de la pénible confidence que me fait Votre Majesté ; mais, ayant deviné la reine derrière le rideau où elle était cachée, — je m'attendais à ce qui m'arrive.

— En ce cas, vous avez préparé une réponse, dit la reine.

— La voici, Madame : Je suis entre le roi et la nation ; mais, avant tout, j'appartiens à la patrie.

— A la patrie ! à la patrie ! répéta la reine. — Mais le roi n'est donc plus rien, que tout le monde appartient maintenant à la patrie, et personne à lui.

— Si fait ! Madame, le roi est toujours le roi, mais il a fait serment à la Constitution ; et du jour où ce serment a été prononcé, le roi doit être un des premiers esclaves de cette constitution.

— Serment forcé, Monsieur, — serment nul.

Dumouriez garda un instant le silence, et comédien habile, regardant pendant cet instant la reine avec une profonde pitié :

— Madame, lui dit-il, permettez-moi de vous dire que votre salut, celui du roi, celui de vos augustes enfants, est attaché à cette constitution que vous méprisez, et qui vous sauvera, si vous consentez à être sauvée par elle. Je vous servirais mal madame, et le roi aussi, si je vous parlais autrement.

Mais la reine l'interrompant avec un geste impérieux :

— Oh! Monsieur, Monsieur, dit-elle, — vous faites fausse route, je vous le dis.

Puis, avec un indéfinissable accent de menace :

— Prenez garde à vous, — ajouta-t-elle.

— Madame, répondit Dumouriez avec le plus grand calme, j'ai plus de cinquante ans, ma vie a été traversée par bien des périls, et en prenant le ministère, je me suis dit que la responsabilité ministérielle n'était point le plus grand des dangers que je courais.

— Ah! s'écria la reine en frappant ses mains l'une contre l'autre, — il ne vous restait plus que de me calomnier, Monsieur.

— Vous calomnier! vous, Madame.

— Oui. Voulez-vous que je vous explique le sens des paroles que vous venez de dire?

— Dites, Madame.

— Eh bien! vous venez de dire que j'étais capable de vous faire assassiner. Oh! oh! Monsieur.

Et deux grosses larmes s'échappèrent des yeux de la reine.

Dumouriez avait été aussi loin que possible. — Il savait ce qu'il voulait savoir, c'est-à-dire s'il restait encore quelque fibre sensible au fond de ce cœur desséché.

— Dieu me préserve, dit-il, de faire une pareille injure à ma reine. — Le caractère de Votre Majesté est trop grand, trop noble, pour inspirer au plus cruel de ses ennemis un pareil soupçon ; elle en a donné des preuves héroïques que j'ai admirées et qui m'ont attachées à elle.

— Dites-vous vrai, Monsieur? demanda la reine d'une voix dans laquelle l'émotion persistait seule.

— Oh! sur l'honneur, Madame, je vous le jure.

— Alors excusez-moi, dit-elle, et donnez-moi votre bras. — Je suis si faible qu'il y a des moments où je me sens prête à tomber.

Et en effet, pâlissante, elle renversa la tête en arrière.

Était-ce une réalité? Était-ce un de ces jeux terribles auxquels la séduisante Medée était si habile.

Dumouriez, si habile qu'il fût lui-même, s'y laissa prendre, ou plus habile peut-être encore que la reine, feignit-il de s'y laisser prendre.

— Croyez-moi, Madame, dit-il, je n'ai aucun intérêt à vous tromper. J'abhorre autant que vous l'anarchie et les crimes. Croyez-moi, j'ai de l'expérience, je suis mieux posé que Votre Majesté pour juger les événements. — Ce qui se passe, ce n'est point une intrigue de M. d'Orléans, comme on a tenté de vous le faire croire. — Ce n'est point l'effet de la haine de M. Pitt, comme vous l'avez cru. — Ce n'est pas même un mouvement populaire momentané. — C'est l'insurrection presqu'unanime d'une grande nation, contre des abus invétérés. — Il y a dans tout cela, je le sais bien, de grandes haines qui attisent l'incendie ; laissons de côté les scélérats et les fous. — N'envisageons dans la révolution qui s'accomplit que le roi et la nation. — Tout ce qui tend à les séparer, tend à leur ruine mutuelle. — Moi, Madame, je suis venu pour travailler de tout mon pouvoir à les réunir. — Aidez-moi, au lieu de me contrarier ; vous défiez-vous de moi, suis-je un obstacle à vos projets contre-révolutionnaires? Dites-le moi, Madame, je porte sur-le-champ ma démission au roi et je vais gémir dans un coin sur le sort de ma patrie et sur le vôtre.

— Non, non, dit la reine, restez et excusez-moi.

— Moi vous excuser, Madame. — Oh! je vous en supplie, ne vous humiliez pas ainsi.

— Pourquoi ne pas m'humilier, suis-je encore une reine et suis-je même encore une femme.

Elle alla à la fenêtre et l'ouvrit malgré le froid du soir; la lune argentait la cîme dépouillée des arbres des Tuileries.

— Tout le monde a droit à l'air et au soleil, n'est-ce pas? Eh bien! à moi seule le soleil et l'air sont refusés. — Je n'ose me mettre à la fenêtre, ni du côté de la cour, ni du côté du jardin. — Avant-hier, je m'y mets, du côté de la cour, un canonnier de garde m'apostrophe d'une injure grossière, en ajoutant : Oh! que j'aurais de plaisir à porter ta tête au bout de ma bayonnette. — Hier, j'ouvre celle du jardin, d'un côté, je vois un homme monté sur une chaise, lisant des horreurs contre nous; de l'autre, un prêtre que l'on traîne dans un bassin, en l'accablant d'injures et de coups et pendant ce temps-là, comme si ces scènes étaient dans le cours ordinaire des choses, des gens qui, sans s'en préoccuper, jouent au ballon ou se promènent tranquillement. — Quel temps, Monsieur! quel séjour! quel peuple! Et vous voulez que je me croie encore une reine, que je me croie encore une femme!

Et la reine se jeta sur un canapé, en cachant sa tête dans ses mains.

Dumouriez mit un genou en terre, prit respectueusement le bas de sa robe et la baisa.

— Madame, dit-il, du moment où je me charge de soutenir la lutte, ou vous redeviendrez la femme heureuse, ou vous redeviendrez la reine puissante, ou j'y laisserai ma vie.

Et se relevant, il salua respectueusement la reine et sortit précipitamment.

La reine le regarda s'éloigner d'un regard désespéré.

La reine puissante ! murmura-t-elle, — peut-être grâce à ton épée est-ce encore possible, — mais la femme heureuse ! jamais ! jamais ! jamais !

Et elle laissa tomber sa tête entre les coussins du canapé en murmurant un nom qui, chaque jour, depuis son absence, lui devenait plus cher et plus douloureux.

Le nom de Charny!

IV

Le bonnet rouge.

Dumouriez s'était retiré si rapidement, d'abord parce que ce désespoir de la reine lui était pénible. — Dumouriez, assez peu touché par les idées l'était beaucoup par les personnes. — Il n'avait aucun sentiment de la conscience politique, mais il était très-sensible à la pitié humaine.

Puis Brissot l'attendait pour l'introduire aux Jacobins, et Dumouriez ne voulait pas tarder à faire sa soumission au terrible club.

Quant à l'Assemblée, il s'en inquiétait peu, du moment où il était l'homme de Pétion, de Gensonné, de Brissot et de la Gironde.

Mais il n'était pas l'homme de Robespierre, de Collot d'Herbois et de Couthon.

Et c'étaient Collot d'Herbois, Couthon et Robespierre qui menaient les Jacobins.

Sa présence n'était point prévue; — c'était un coup par trop audacieux à un ministre du roi de venir aux Jacobins; — aussi, à peine son nom eût-il été prononcé, que tous les regards se tournèrent vers lui.

Qu'allait faire Robespierre à cette vue ?

Robespierre se retourna comme les autres, prêta l'oreille au nom qui volait de bouche en bouche; puis, fronçant le sourcil, se retourna de nouveau demeurant froid et silencieux.

Un silence de glace se répandit aussitôt dans la foule.

Dumouriez comprit qu'il lui fallait brûler ses vaisseaux.

Les Jacobins venaient, comme signe d'égalité, d'adopter le bonnet rouge. — Trois ou quatre membres seulement avaient sans doute jugé que leur patriotisme était assez connu pour ne pas en donner cette preuve.

Robespierre était du nombre.

Dumouriez n'hésite pas ; il jette son chapeau loin de lui, prend sur la tête du patriote qui se trouve le plus proche, le bonnet rouge qui le coiffe, l'enfonce jusqu'aux oreilles, et monte à la tribune, arborant le signe de l'égalité.

La salle toute entière éclata en applaudissement.

Quelque chose de pareil au sifflement d'une vipère, serpenta au milieu de ces applaudissements et les éteignit tout-à-coup.

C'était un *chut!* sorti des lèvres minces de Robespierre.

Dumouriez avoua plus d'une fois depuis, que le sifflement des boulets passant à un pied au-dessus de sa tête, ne l'avait pas fait frissonner comme le sifflement de ce *chut!* échappé des lèvres du député d'Arras.

Mais c'était un rude jouteur que Dumouriez, général et orateur à la fois, difficile à démonter sur le champ de bataille et à la tribune.

Il attendit avec un calme sourire, que ce silence glacial fut bien établi, et d'une voix vibrante :

— Frères et amis, dit-il, tous les moments de ma vie, vont désormais être consacrés à faire la volonté du peuple et à justifier la confiance du roi constitutionnel. Je porterai dans mes négociations avec l'étranger, toutes les forces d'un peuple libre, et ces négociations produiront sous peu, ou une paix solide, ou une guerre décisive.

Ici, — malgré le *chut* de Robespierre, les applaudissements éclatèrent de nouveau.

— Si nous avons cette guerre, continua l'orateur, je briserai ma plume politique et je prendrai mon rang dans l'armée, pour triompher ou mourir libre avec mes frères. Un grand fardeau pèse à mes épaules, frères, aidez-moi à le porter. — J'ai besoin de conseils, faites-les moi passer par vos journaux, dites-moi la vérité, la vérité la plus dure, mais repoussez la calomnie, et ne repoussez pas un citoyen, que vous connaissez sincère et intrépide et qui se dévoue à la cause de la révolution.

Dumouriez avait fini; — il descendit au milieu des applaudissements; ces applaudissements irritèrent Collot d'Herbois, l'acteur si souvent sifflé, si rarement applaudi.

— Pourquoi ces applaudissements? cria-t-il de sa place. — Si Dumouriez vient ici comme ministre, il n'y a rien à lui répondre, s'il vient comme affilié et comme frère, il ne fait que son devoir et se met au niveau de nos opinions, nous n'avons donc qu'une réponse à lui faire :

« — Qu'il agisse comme il a parlé. »

Dumouriez jeta de la main un signe qui voulait dire :

— C'est ainsi que je compte faire.

Alors Robespierre se leva avec son sourire sévère, on comprit qu'il voulait aller à la tribune, on s'écarta, qu'il voulait parler, on se tut.

Seulement ce silence, comparé à celui

qui avait accueilli Dumouriez, était doux et velouté.

Il monta à la tribune, et avec cette solennité qui lui était habituelle :

— Je ne suis point de ceux, dit-il, qui croient absolument impossible qu'un ministre soit patriote, et même j'accepte avec plaisir les présages que M. Dumouriez nous donne. — Quand il aura accompli ces présages ; — quand il aura dissipé les ennemis armés contre nous par ses prédécesseurs et par les conjurés qui dirigent encore aujourd'hui le gouvernement, malgré l'expulsion de quelques ministres. — *Alors*, seulement alors, je serai disposé à lui décerner les éloges, mais même alors, je ne penserai point que tout bon citoyen de cette société ne soit point son égal. — Le peuple seul est grand, — seul est respectable à mes yeux, les hochets de la puissance ministérielle s'évanouissent devant lui. C'est par respect pour le peuple, pour le ministre lui-même, que je demande qu'on ne signale point son entrée ici par des hommages qui attesteraient la déchéance de l'esprit public. — Il nous demande des conseils; — je promets, pour ma part, de lui en donner, qui seront utiles à lui et à la chose publique. — Aussi longtemps que M. Dumouriez, par des preuves éclatantes de patriotisme et surtout par des services réels rendus à la patrie, prouvera qu'il est le frère des bons citoyens et le défenseur du peuple, il n'aura ici que des soutiens. — Je ne redoute pour cette société la présence d'aucun ministre, mais je déclare qu'au moment où un ministre y aurait plus d'ascendant qu'un citoyen, je demande son ostracisme.

Il n'en sera jamais ainsi.

Et au milieu des applaudissements, l'aigre orateur descendit de la tribune, mais un piége l'attendait sur la dernière marche.

Dumouriez feignant l'enthousiasme, était là les bras ouvert.

— Vertueux Robespierre ! s'écria-t-il, — incorruptible citoyen, permets que je t'embrasse.

Et malgré les efforts du grêle député d'Arras, il le serra contre son cœur.

On ne vit que l'acte qui s'accomplissait et non la répugnance que Robespierre mettait a la laisser s'accomplir.

La salle tout entière éclata en applaudissement.

— Viens, dit tout bas Dumouriez à

Brissot, la comédie est jouée. — J'ai mis le bonnet rouge et embrassé Robespierre, — je suis sacro-saint.

Et en effet, au milieu des hourra! de la salle et de la tribune, il gagna la porte.

A la porte, un jeune homme revêtu de la charge d'huissier, échangea avec le ministre un regard rapide et une poignée de main plus rapide encore.

C'était le jeune duc de Chartres.

Il était onze heures du soir, Brissot guidait Dumouriez, tous deux d'un pas rapide se rendaient chez les Roland.

Les Roland demeuraient toujours rue Guénégaud.

Ils avaient été prévenus la veille par Brissot, que Dumouriez à l'instigation de Gensonné et à la sienne, devait présenter aux roi, Roland comme ministre de l'intérieur.

Brissot avait alors demandé à Roland s'il se sentait assez fort pour un pareil fardeau, et Roland, simple cette fois comme toujours, avait répondu qu'il le croyait.

Dumouriez venait lui annoncer que la chose était faite.

Roland et Dumouriez ne se connaissaient que de nom, ni l'un ni l'autre ne s'étaient jamais vus.

On comprend avec quelle curiosité les futurs collègues se regardèrent.

Après les compliments d'usage, dans lesquels Dumouriez témoigna à Roland sa satisfaction particulière de voir appeler au gouvernement un patriote éclairé et vertueux comme lui. — La conversation tomba naturellement sur le roi.

— De là viendra l'obstacle, dit Roland avec un sourire.

— Eh bien! voilà où vous allez reconnaître une naïveté, dont on ne me fait certes pas honneur, dit Dumouriez; — je crois le roi honnête homme et patriote sincère.

Puis, voyant que madame Roland ne répondait point et se contentait de sourire.

— Ce n'est point l'avis de madame Roland? demanda Dumouriez.

— Vous avez vu le roi? dit-elle.

— Oui.

— Avez-vous vu la reine?

Dumouriez ne répondit pas, et à son tour se contenta de sourire.

On prit rendez-vous le lendemain à onze heures du matin pour prêter serment.

En sortant de l'Assemblée, on devait se rendre chez le roi.

Il était onze heures et demi. — Dumouriez fut bien resté encore, mais c'était trop tard pour de petites gens comme les Roland.

Pourquoi Dumouriez fut-il resté?

Ah! voilà!

Dans le rapide coup d'œil qu'en entrant Dumouriez avait jeté sur la femme et sur le mari, il avait tout d'abord remarqué la vieillesse du mari. — Roland avait dix ans de plus que Dumouriez et Dumouriez paraissait vingt ans de moins que Roland. — Et la richesse de formes de la femme. — Madame Roland, fille d'un graveur, comme nous l'avons dit, avait, dès son enfance, travaillé dans l'atelier de son père, et devenue femme, dans l'atelier de son mari.

Le travail, ce rude protecteur, avait sauvegardé la vierge, comme il devait sauvegardé l'épouse.

Dumouriez était de cette race d'homme

qui ne peut voir un vieux mari sans rire, et une jeune femme sans désirer.

Aussi déplut-il à la fois à la femme et au mari.

Aussi voilà pourquoi ils firent observer à Brissot et au général qu'il était tard.

Dumouriez et Brissot sortirent.

— Eh bien? demanda Roland à sa femme, quand la porte fut refermée; — que penses-tu de notre futur collègue?

Madame Roland sourit.

— Il y a, des hommes qu'on n'a pas

besoin de voir deux fois, pour se faire une opinion sur eux. — C'est un esprit d'élite, un caractère souple, un regard faux. — Il a exprimé une grande satisfaction du choix patriotique qu'il était chargé de t'annoncer; — eh bien! je ne serais pas étonné qu'il te fît renvoyer un jour ou l'autre.

— Eh bien! dit Roland, c'est de point en point mon avis.

Et tous deux se couchèrent avec leur calme habituel, ni l'un ni l'autre ne se doutant que la main de fer de la destinée, venait d'écrire leurs deux noms sur les tablettes sanglantes du bourreau.

Le lendemain, le nouveau ministère prêta serment à l'assemblée nationale, et se rendit aux Tuileries, — Dégrave avait consenti à garder son portefeuille.

Roland portait des souliers à cordon, parce qu'il n'avait probablement pas d'argent pour acheter des boucles.

Il portait un chapeau rond, n'en ayant jamais porté d'autres.

Il se rendit aux Tuileries dans son costume habituel.

Il se trouvait le dernier à la suite de ses collègues.

Le maître des cérémonies laissa passer

les cinq premiers, mais arrêta Roland.

Roland ignorait pourquoi on lui refusait l'entrée.

— Mais, moi aussi, disait-il, — je suis ministre comme les autres, ministre de l'intérieur, même.

Mais le maître des cérémonies ne paraissait point convaincu le moins du monde.

— Dumouriez entendit le débat et intervint.

— Et pourquoi, demanda-t-il, — refusez-vous l'entrée à M. Roland ?

— Eh ! Monsieur ! s'écria le maître des

cérémonies, se tordant les bras, — un chapeau rond et pas de boucle !

— Ah ! Monsieur ! répondit Dumouriez avec le plus grand sang-froid : — un chapeau rond et pas de boucle, — tout est perdu !

Et il poussa Roland dans le cabinet du roi.

Ce ministère, qui avait tant de peine à entrer dans le cabinet du roi pouvait s'appeler, le ministère de la guerre.

Le 1er mars, était mort l'empereur Léopold, au milieu de son harem italien, tué par les aphrodisiaques qu'il composait lui-même.

La reine, qui avait lu un jour, dans je ne sais quel pamphlet jacobin, qu'une croûte de pâté ferait justice de l'empereur d'Autriche; — la reine qui avait fait venir Gilbert pour lui demander s'il existait un contre-poison universel; — la reine avait crié bien haut que son frère était empoisonné.

Avec Léopold, était morte la politique temporisatrice de l'Autriche.

Celui qui montait au trône, — François II, que nous avons connu et qui, après avoir été le contemporain de nos pères a été le nôtre, était mêlé de sang allemand et italien. — Autrichien, né à Florence, — faible, violent, rusé, honnête homme selon les prêtres, âme dure et bigote, cachant sa duplicité sous une physionomie placide, sous un masque rose d'une placidité effrayante, marchant par un ressort, comme la statue du commandeur, ou le spectre du roi de Danemarck, — donnant sa fille à son vainqueur pour ne pas lui donner ses états, puis le frappant par derrière au premier pas de retraite que le lui fait faire le vent du nord. — François II enfin, — l'homme des plombs de Venise et des cachots du Spitzberg, — le bourreau d'Andryane et de Sylvio Pellico.

Voilà le protecteur des émigrés, l'allié de la Prusse, l'ennemi de la France.

Notre ambassadeur à Vienne, M. de Noailles, était à peu près prisonnier dans son palais.

Notre ambassadeur à Berlin, M. de Ségur, y fut précédé par le bruit qu'il y venait pour surprendre les secrets du roi de Prusse, en se faisant l'amant de ses maîtresses.

Par hasard, ce roi de Prusse là avait des maîtresses.

— Il se présenta, — M. de Ségur, en audience publique, en même temps que l'envoyé de Coblentz.

Le roi de Prusse tourna le dos à l'ambassadeur de France et demanda tout haut à l'homme des princes, comment se portait le comte d'Artois.

La Prusse se croyait à cette époque, comme elle se le croit encore aujourd'hui, à la tête du progrès allemand, elle vivait de ces étranges traditions philosophiques du roi Frédéric, qui, encourageant les résistances turques et les révolutions polonaises, tout en étranglant les libertés de la Hollande, — gouvernement aux mains crochues, qui pêche incessamment dans l'eau trouble des révolutions : — tantôt Neufchâtel, tantôt une partie de la Poméranie, tantôt une partie de la Pologne.

C'étaient là nos deux ennemis visibles,

François II et Frédéric-Guillaume, les ennemis encore invisibles, étaient l'Angleterre, la Russie et l'Espagne.

Le chef de toute cette coalition devait être le belliqueux roi de Suède. — Ce nain, armé en géant, qu'on appelait Gustave III, et que Catherine II tenait sur sa main.

La présence de François II au trône d'Autriche se manifesta par la note diplomatique suivante:

1° Satisfaire les princes allemands possessionnés dans ce royaume. — Autrement dit, reconnaître la suzeraineté impériale au milieu de nos départements. — Subir l'Autriche en France même.

2° Rendre Avignon, afin que, comme autrefois, la Provence soit démembrée.

3° Rétablir la monarchie sur le pied du 23 juin 1789.

Il était évident que cette note correspondait aux secrets désirs du roi et de la reine.

Dumouriez en haussa les épaules.

On eut dit que l'Autriche s'était endormie le 14 juillet, et après un sommeil de trois ans, croyait se réveiller le 15.

Le 16 avril, Gustave est assassiné au milieu d'un bal.

Le surlendemain dudit assassinat, encore inconnu en France, la note autrichienne arrivait à Dumouriez.

Il la porta à Louis XVI.

Autant Marie-Antoinette, la femme des partis extrêmes désirait une guerre qu'elle croyait pour elle une guerre de délivrance; autant le roi, l'homme des partis moyens, de la lenteur, de la tergiversation et des biais, autant le roi la craignait.

— En effet, la guerre déclarée, — supposez une victoire, il était à la merci du général vainqueur.

Supposez une défaite : le peuple l'en faisait responsable, criait à la trahison et se ruait sur les Tuileries.

Enfin, si l'ennemi rentrait jusqu'à Paris, — qui ramenait-il ?

Monsieur. — C'est-à-dire le régent du royaume.

Louis XVI déchu, — Marie-Antoinette mise en accusation comme épouse infidèle, les fils de France proclamés peut-être enfants adultérins ! tels étaient les résultats de l'émigration, de retour à Paris.

Le roi se fiait aux Autrichiens, aux Allemands, aux Prussiens.

Mais il se défiait des émigrés.

A la lecture de la note, il comprit cependant que l'heure de tirer l'épée de la France était venu, et qu'il n'y avait pas à reculer.

Le 20 avril, le roi et Dumouriez entrent à l'assemblée nationale. Ils apportent la déclaration de guerre à l'Autriche.

La déclaration de guerre est reçue avec enthousiasme.

A cette heure solennelle, dont nous n'avons pas le courage de laisser le roman s'emparer, et que nous consacrons toute entière à l'histoire, — il existe en France quatre partis bien tranchés.

Les royalistes absolus; — la reine en **est.**

Les royalistes constitutionnels, — le roi prétend en être.

Les républicains.

Les anarchistes.

Les royalistes absolus, — à part la reine, n'ont point de chefs patents en France.

Ils sont représentés à l'étranger par Monsieur, par le comte d'Artois, par le prince de Condé, par le duc Charles de Lorraine.

M. de Breteuil à Vienne, — M. Merey d'Argenteau à Bruxelles, sont les représentants de la reine près de ce parti.

Les chefs du parti constitutionnel, sont : Lafayette, Bailly, Barnave, Lameth, Duport, les Feuillants, enfin.

Le roi ne demande pas mieux que d'abandonner la royauté absolue et de marcher avec eux. — Cependant il penche plutôt à se tenir en arrière, qu'en avant.

Les chefs du parti républicain sont: Brissot, Vergniaud, Guadet, Petion, Roland, Isnard, Ducos, Condorcet, Couthon.

Les chefs des anarchistes sont: Marat, Danton, Santerre, Gonchon, Camille Desmoulins, Hébert, Legendre, Fabre d'Eglantine, Collot d'Herbois.

Dumouriez sera ce que l'on voudra, pourvu qu'il y trouve intérêt et renommée.

Robespierre est rentré dans l'ombre.

Il attend.

Maintenant, à qui allait-on remettre le drapeau de la révolution, que venait de secouer Dumouriez, — ce vague patriote, à la tribune de l'Assemblée.

A Lafayette, l'homme du Champ-de-Mars.

A Luckner, la France ne le connaissait que pour le mal qu'il lui avait fait, comme partisan pendant la guerre de sept ans.

A Rochambeau, qui ne voulait de guerre que la défensive, et qui était mortifié de voir Dumouriez adresser tout droit ses ordres à ses lieutenants, sans leur faire subir la censure de sa vieille expérience.

C'étaient là les trois hommes qui commandaient les trois corps d'armée, prêts à entrer en campagne.

Lafayette tenait le centre, et devait descendre vivement la Meuse, poussant de Givet à Namur.

Luckner gardait la Franche-Comté.

Rochambeau la Flandre.

Lafayette, appuyé d'un corps que Rochambeau enverrait de Flandre, sous le commandement de Biron, enlèverait Namur et marcherait sur Bruxelles, où l'attendait, les bras ouverts, la révolution de Brabant.

Lafayette avait le beau rôle, il était à l'avant-garde, c'était à lui que Dumouriez réservait la première victoire.

Cette victoire le faisait général en chef.

Lafayette, victorieux et général en chef, Dumouriez, ministre de la guerre, — on jetait le bonnet rouge aux orties, on écrasait d'une main la Gironde, de l'autre les Jacobins.

La contre-révolution était faite.

Mais Robespierre !

Robespierre était rentré dans l'ombre nous l'avons dit, et beaucoup prétendaient qu'il y avait un passage souterrain, de la maison du menuisier Duplay, à la demeure royale de Louis XVI.

N'était-ce point de là, que venait la pension payée par madame la duchesse d'Angoulême à mademoiselle de Robespierre?

Mais, cette fois, comme toujours, Lafayette manqua à Lafayette.

Puis on allait faire la guerre avec des partisans de la paix, — les munitionnaires, particulièrement, étaient les amis de nos ennemis. — Ils eussent volontiers laissé nos troupes sans vivres et sans munitions, et c'est ce qu'ils firent, pour assurer le pain et la poudre aux Prussiens et aux Autrichiens.

Puis, remarquez bien qu'en dessous, l'homme aux menées sourdes, aux sapes ténébreuses, — Dumouriez ne négligeait pas ses relations avec les d'Orléans, relations qui devinrent sa perte.

Biron et Valence étaient des généraux orléanistes.

Ainsi, orléanistes et feuillans, Lafayette et Biron, devaient tirer les premiers coups d'épée, sonner les fanfares de la première victoire.

— Le 28 avril au matin, — Biron s'empare de Quiévrain, marche sur Mons.

En même temps, le lendemain 29, Théobald Dillon se portait de Lille à Tournay.

Biron et Dillon, — deux aristocrates, mais deux beaux et deux braves jeunes gens, roués, spirituels de l'école de Richelieu ; l'un franc dans ses opinions patriotiques, l'autre n'ayant pas eu le temps de savoir les opinions qu'il avait.

Il va être assassiné.

Nous avons dit quelque part que les dragons étaient l'arme aristocratique de l'armée. — Deux régiments de dragons marchaient en tête des trois mille hommes de Biron.

Tout-à-coup, les dragons, sans même voir l'ennemi, se mettent à crier :

— Sauve qui peut, nous sommes trahis.

Puis ils tournent bride, passant, criant toujours sur l'infanterie qu'ils écrasent, l'infanterie les croit poursuivis et fuit à son tour.

La panique est compète.

Même chose arrive à Dillon.

Dillon rencontre un corps de neuf cents Autrichiens, les dragons, de son avant-garde, prennent peur, fuyent, entraînent l'infanterie avec eux, abandonnant chariots, artillerie, équipages, et ne s'arrêtent qu'à Lille.

Là, les fuyards mettent la lâcheté sur le compte de leurs chefs, égorgent Théobald Dillon — et le lieutenant-colonel Bertois, après quoi ils livrent les corps à la populace de Lille, qui les pend et qui danse autour des cadavres.

Par qui avait été organisée cette défaite ? qui avait pour but de faire entrer l'hésitation dans le cœur des patriotes et la confiance dans celui de l'ennemi.

La Gironde, qui avait voulu la guerre et qui saignait aux deux flancs de la double blessure qu'elle venait de recevoir, la Gironde, et il faut le dire, toutes les apparences lui donnaient raison ; — la

Gironde accusera la cour, c'est-à-dire la reine.

Sa première idée fut de rendre à Marie-Antoinette coup pour coup.

Mais on avait laissé à la royauté le temps de revêtir une cuirasse bien autrement solide que ce plastron que la reine avait capitonné pour le roi, et reconnu une nuit, avec Andrée, à l'épreuve de la balle.

La reine avait peu à peu réorganisé cette fameuse garde constitutionnelle, autorisée par la Constituante.

Elle ne se montait pas à moins de six mille hommes.

Et quels hommes! des bretteurs et des maîtres d'escrime qui allaient insulter les représentants patriotes jusqu'à sur les bancs de la Chambre, des gentilshommes bretons et vendéens, des Provençaux de Nîmes et d'Arles, de robustes prêtres qui, sous prétexte de refus de serment, avaient jeté la soutane aux orties — et pris, à la place du goupillon, l'épée, le poignard et le pistolet.

En outre, un monde de chevaliers de Saint-Louis, qui sortaient on ne sait d'où, qu'on décorait, on ne savait pourquoi. — Dumouriez lui même s'en plaint dans ses Mémoires. — « Quelque gouvernement qui succède à celui qui existe, il ne pourra réhabiliter cette belle et malheureuse croix que l'on prodigue; » — il en avait été donné six mille depuis deux ans.

C'est au point qu'il refuse pour lui le Grand-Cordon et le fait donner à M. de Vatteville, major du régiment suisse d'Ernest.

Il fallait commencer par entamer la cuirasse, puis on frapperait le roi et la reine.

Tout-à-coup le bruit se répandit qu'à l'ancienne école militaire il y avait un drapeau blanc, que ce drapeau, qui devait être arboré incessamment, c'était le roi qui l'avait donné.

Cela rappelait la cocarde noire des 5 et 6 octobre.

On était si étonné, avec les opinions

contre-révolutionnairés du roi et de la reine, de ne pas voir flotter le drapeau blanc sur les Tuileries, que l'on s'attendait à le voir surgir tout-à-coup sur quelqu'autre monument.

Le peuple, à la nouvelle de l'existence de ce drapeau, se porta sur les casernes.

Les officiers voulurent résister, les soldats les abandonnèrent.

On trouva un drapeau blanc, grand comme la main, qui avait été planté dans un gâteau donné par le dauphin.

Mais, outre ce chiffon sans importance, on trouva nombre d'hymnes en l'honneur du roi,—nombre de chansons injurieuses à l'Assemblée, la garde du roi avait éclaté en cris de joie à la nouvelle de la défaite de Tournay et de Quiévrain; elle avait exprimé l'espoir que dans trois jours Valenciennes serait pris, et dans quinze jours l'étranger à Paris.

Il y a de plus, un cavalier de cette garde, bon Français, nommé Joachim Murat, qui avait cru entrer dans une véritable garde constitutionnelle, comme l'indiquait son titre, avait donné sa démission.

On avait voulu le gagner à prix d'argent et l'envoyer à Coblentz.

Cette garde, — c'est une arme terrible aux mains de la royauté. — Ne peut-elle pas, sur un ordre du roi, marcher sur l'Assemblée, envelopper le manège, — faire prisonniers ou tuer les députés, depuis le premier jusqu'au dernier.

Moins que cela, — ne peut elle pas prendre le roi, sortir avec lui de Paris, le conduire à la frontière, faire une seconde fuite de Varennes, qui réussira cette fois.

Aussi, — dès le 22 mai, c'est-à-dire trois semaines avant le double échec de Tournay et de Quiévrain, Pétion, de nouveau, maire de Paris, l'homme nommé par l'influence de la reine, celui qui l'a ramenée de Varennes, qu'elle protège en haine de celui qui l'avait laissée fuir. — Aussi Pétion a-t-il écrit au commandant de la garde nationale, exprimant tout haut ses craintes sur le départ possible du roi, l'invitant à *observer*, à *sur-*

veiller et à multiplier les patrouilles *aux environs.*

A *surveiller*, — à *observer*, — quoi? Pétion ne le dit pas.

A *multiplier les patrouilles aux environs.* —Aux environs de quoi?—Même silence.

Mais à quoi bon nommer les *Tuileries* et le *roi.*

Qu'observe-t-on? l'*ennemi.*

Autour de quoi multiplie-t-on les patrouilles? *autour du camp ennemi.*

— Quel est le camp ennemi? *les Tuileries.*

— Quel est l'ennemi? *le roi.*

Ainsi, voilà la grande question posée.

C'est Pétion, le petit avocat de Chartres, le fils d'un procureur qui l'a posée au descendant de Saint-Louis, au petit-fils de Louis XIV, au roi de France.

Et le roi de France s'en plaint, car il comprend que cette voix parle plus haut que la sienne, il s'en plaint dans une lettre que le Directoire du département fait afficher sur les murs de Paris.

Mais Pétion ne s'en inquiète aucunement, il n'y répond pas, il maintient son ordre.

Donc, Pétion est le vrai roi.

Si vous en doutez, vous en aurez des preuves tout à l'heure.

Le rapport de Bazire demande donc qu'on supprime la garde constitutionnelle du roi et qu'on décrète d'arrestation M. Brissac, son chef.

Le fer était chaud, les Girondins le battirent en rudes forgerons qu'ils étaient.

Il s'agissait pour eux d'être ou de ne pas être.

Le décret fut rendu le même jour, la garde constitutionnelle licenciée, le duc de Brissac décrété d'arrestation et les postes des Tuileries remis à la garde nationale.

O Charny! Charny! où es-tu, toi qui à Varennes avait failli reprendre la reine avec tes trois cents cavaliers, qu'eusses-tu fait aux Tuileries avec six mille hommes?

Charny vivait heureux, oubliant tout dans les bras d'Andrée.

V

La rue Guénégaud et les Tuileries.

On se rappelle la démission donnée par Degrave ; elle avait été à peu près refusée par le roi, tout-à-fait refusée par Dumouriez.

Dumouriez avait tenu à garder Degrave, qui était son homme. Il l'avait gardé, en effet, mais à la nouvelle du double échec, il lui fallut sacrifier son ministre de la guerre.

Il l'abandonna. — Gâteau jeté au Cerbère des Jacobins, pour calmer ses aboiements.

Il accepta à sa place le colonel Servan, ex-gouverneur des pages.

Sans doute il ignorait quel homme devenait son collègue, et quel coup cet homme allait porté à la royauté.

Pendant que la reine veillait aux mansardes des Tuileries, regardant à l'horizon si elle ne voyait pas venir les Autrichiens tant attendus, une autre femme veillait dans son petit salon de la rue Guénégaud.

L'une était la contre-révolution.

L'autre la révolution.

On comprend que c'est de madame Roland que nous voulons parler.

C'est elle qui avait poussé Servan au ministère, comme madame de Staël y avait poussé Narbonne.

La main des femmes est partout, dans ces trois terribles années 91—92—93.

Servan ne quittait pas le salon de madame Roland, comme tous les Girondins dont elle était le souffle, la lumière, l'âme, il s'inspirait de cette âme vaillante, qui brûlait sans cesse, — sans jamais se consumer.

On disait quelle était la maîtresse de Servan ; elle laissait dire, et, rassurée par sa conscience, elle souriait à la calomnie.

Chaque jour, elle voyait rentrer son mari, écrasé sous la lutte. — Il se sentait entraîné vers l'abîme avec son collègue Clavières, et cependant rien n'était visible ; tout pouvait se nier.

Le soir où Dumouriez était venu lui offrir le ministère de l'intérieur il avait fait ses conditions.

— Je n'ai d'autre fortune que mon

honneur, avait-il dit, je veux que mon honneur sorte intact du ministère.

Un secrétaire assistera à toutes les délibérations du conseil et consignera les avis de chacun, on verra ainsi si jamais je fais défaut au patriotisme et à la liberté.

Dumouriez avait promis, il avait besoin de couvrir l'impopularité de son nom du manteau girondin ; Dumouriez est un de ces hommes qui promettent toujours, — quitte ensuite à ne tenir que selon leurs convenances.

Dumouriez n'avait pas tenu et Roland avait vainement demandé son secrétaire.

Alors Roland ne pouvant obtenir cette archive secrète, en avait appelé à la publicité.

Il avait fondé le journal *le Thermomètre*, mais il le sentait très-bien lui-même, il y avait telle séance du conseil dont la révélation eût été une trahison en faveur de l'ennemi.

La nomination de Servan lui venait en aide.

Mais ce n'était point assez. — Neutralisé par Dumouriez le conseil n'avançait à rien.

L'Assemblée venait bien de frapper un coup : elle avait licencié la garde constitutionnelle, arrêté Brissac.

Roland en revenant avec Servan, le 29 mars au soir, rapporta la nouvelle à la maison.

— Qu'a-t-on fait de ces gardes licenciées? demanda madame Roland.

— Rien.

— Ils sont libres alors?

— Oui, seulement ils ont été obligés de mettre bas l'uniforme bleu.

— Demain, ils prendront l'uniforme rouge et se promèneront en Suisses.

Le lendemain en effet, les rues de Paris étaient sillonnées d'uniformes suisses.

Cette garde licenciée avait changé d'habit, voilà tout.

Elle était là dans Paris, tendant la main à l'étranger, lui faisant signe de venir, prête à lui ouvrir les barrières.

Les deux hommes, Roland et Servan ne trouvaient aucun remède à cela.

Madame Roland prit une feuille de papier, mit une plume aux mains de Servan.

— Écrivez, dit-elle.

« Proposition d'établir à Paris, à propos de la fête du 14 juillet, un camp de 20,000 volontaires. »

Servan laissa tomber la plume avant d'avoir fini la phrase.

— Jamais le roi ne consentira, dit-il.

— Aussi, n'est-ce point au roi qu'il faut proposer cette mesure, c'est à l'Assemblée ; aussi n'est-ce pas comme ministre qu'il faut la réclamer, — c'est comme citoyen.

Servan et Roland venaient, à la lueur d'un éclair, d'entrevoir tout un immense horizon.

— Oh! dit Servan, vous avez raison, — avec cela et un décret sur les prêtres nous tenons le roi.

— Vous comprenez bien, n'est-ce pas?

— Le prêtre, c'est la contre-révolution dans la famille et dans la société. — Les prêtres ont fait ajouter cette phrase au CREDO : *et ceux qui paieront l'impôt seront damnés !* — Cinquante prêtres assermentés ont été égorgés, leurs maisons saccagées, leurs champs dévastés depuis six mois. — Que l'Assemblée dirige contre eux un décret d'urgence. — Achevez votre motion, Servan ; Roland va rédiger le décret.

Servan acheva sa phrase.

Roland écrivait pendant ce temps.

« La déportation du prêtre rebelle aura lieu dans un mois hors du royaume, si elle est demandée par vingt citoyens actifs, approuvée par le district, prononcée par le gouvernement. — Le déporté recevra trois livres par jour, comme frais de route jusqu'à la frontière.»

Servan lut sa proposition sur le camp de 20,000 volontaires.

Roland lut son projet de décret sur l'exportation des prêtres.

Toute la question en effet était là.

Le roi agissait-il franchement ?

Le roi trahissait-il ?

Si le roi était vraiment constitutionel, il sanctionnerait les deux décrets.

Si le roi trahissait, il apposerait son veto.

— Je signerai la motion du camp comme citoyen, dit Servan.

— Et Vergniaud proposera le décret sur les prêtres, dirent à la fois le mari et la femme.

Dès le lendemain Servan lança sa demande à l'Assemblée.

Vergniaud mit le décret dans sa poche et promit de l'en tirer quand il en serait temps.

Le soir de l'envoi de la motion à l'Assemblée, Servan entra au conseil comme d'habitude.

Sa démarche était connue ; — Roland et Clavières la soutenaient contre Dumouriez, Lacoste et Duranton.

— Ah! venez, Monsieur. — Et venez rendre compte de votre conduite — dit Dumouriez.

— A qui, s'il vous plaît? demanda Servan.

— Mais au roi, — à la nation, — à moi.

Servan sourit.

— Monsieur, dit Dumouriez, vous avez fait aujourd'hui une démarche importante.

— Oui, répondit Servan, je le sais, Monsieur, de la plus haute importance.

— Avez-vous pris les ordres du roi pour agir ainsi.

— Non, Monsieur, je l'avoue.

— Avez-vous pris l'avis de vos collègues?

— Pas plus que les ordres du roi; je l'avoue encore.

— Alors, pourquoi avez-vous agi ainsi?

— Parce que c'était mon droit comme particulier et comme citoyen.

— Alors, c'est comme particulier et comme citoyen que vous avez présenté cette motion incendiaire?

— Oui.

— Pourquoi, alors, à votre signature, avez-vous joint le titre de ministre de la guerre?

— Parce que je voulais prouver à l'Assemblée que j'étais prêt à appuyer, comme ministre, — ce que je demandais comme citoyen.

— Monsieur, — dit Dumouriez, — ce que vous avez fait là est, à la fois, d'un mauvais citoyen et d'un mauvais ministre.

— Monsieur, — dit Servan, — permettez-moi de ne prendre que moi pour juge des choses qui touchent ma conscience. — Si j'avais un juge à prendre, dans une question si délicate, — je tâcherais qu'il ne s'appelât point Dumouriez.

Dumouriez pâlit et fit un pas vers Servan.

Servan porta la main à la garde de son épée.

Dumouriez en fit autant.

En ce moment, le roi entra.

Il ignorait encore la motion de Servan.

On se tut.

Le lendemain, le décret qui demandait le rassemblement de 20,000 fédérés à Paris, fut discuté à l'Assemblée.

Le roi avait été consterné à cette nouvelle.

Il avait fait appeler Dumouriez.

— Vous êtes un fidèle serviteur, Monsieur, lui dit-il, et je sais de quelle façon vous avez pris les intérêts de la royauté, à l'endroit de ce misérable Servan.

— Je remercie Votre Majesté, — dit Dumouriez. — Puis, après une pause?— le roi sait-il que le décret a passé, — demanda-t-il.

—Non, dit le roi, mais peu m'importe,

je suis décidé dans cette circonstance à exercer mon droit de veto.

Dumouriez secoua la tête.

— Ce n'est point votre avis, Monsieur, demanda le roi.

— Sire, — répondit Dumouriez, — sans aucune force de résistance, en butte comme vous l'êtes aux soupçons de la plus grande partie de la nation, à la rage des Jacobins, à la profonde politique du parti républicain, — une pareille résolution de votre part sera une déclaration de guerre.

— Eh bien ? soit, la guerre, je la fais bien à mes amis, — je puis bien la faire à mes ennemis.

— Sire, dans l'autre vous avez dix chances de victoires; dans celle-ci, dix chances de défaite.

— Mais vous ne savez donc pas dans quel but on demande ces 20,000 hommes?

— Que Votre Majesté m'accorde cinq minutes de libre parole, et j'espère lui prouver que, non-seulement je sais ce l'on désire, mais encore que je devine ce qui arrivera.

— Parlez, Monsieur, dit le roi, j'écoute.

Et en effet, le coude appuyé sur le bras de son fauteuil, la tête appuyée dans le creux de sa main, Louis XVI écouta.

— Sire, — dit Dumouriez, — ceux qui ont sollicité ce décret, sont autant les ennemis de la patrie que du roi.

— Vous le voyez-bien, interrompit Louis XVI, vous l'avouez vous-même.

— Je dirai plus, son accomplissement ne peut produire que de grands malheurs.

— Eh bien! alors?

— Permettez, Sire.

— Oui, allez, allez.

— Le ministre de la guerre est très-coupable d'avoir sollicité un rassemblement de vingt mille hommes près de Paris, pendant que nos armées sont faibles, nos frontières dégarnies, nos caisses épuisées.

— Oh! — fit le roi, — coupable, je le crois bien.

— Non-seulement coupable, Sire, mais imprudent, ce qui est bien pis, — imprudent de proposer, près de l'Assemblée, la réunion d'une troupe indisciplinée, appelée sous un nom qui exagérera son patriotisme, et dont le premier ambitieux pourra s'emparer.

— Oh! c'est la Gironde qui parle par la voix de Servan.

— Oui, répondit Dumouriez; mais ce n'est pas la Gironde qui en profitera, Sire.

— Ce sont peut-être les Feuillans, n'est-ce pas, qui en profiteront.

— Ce ne sera ni l'un ni l'autre; — ce seront les Jacobins; — les Jacobins, dont les affiliations s'étendent par tout le royaume, et qui, sur vingt mille fédérés, trouveront peut-être dix-neuf mille adeptes. — Ainsi, croyez bien, Sire, les promoteurs du décret seront renversés par le décret lui-même.

Ah! si je le croyais, je m'en consolerais presque! s'écria le roi.

— Je pense donc, Sire, que le décret est dangereux pour la nation, pour le roi, pour l'assemblée nationale, et surtout pour ses auteurs, dont il sera le châtiment. — Et cependant, mon avis est, Sire, que vous ne pouvez pas faire autrement que de le sanctionner. Il a été provoqué par une malice si profonde, que je dirai, Sire, qu'il y a de la femme là-dessous.

— Madame Roland, n'est-ce pas? — Pourquoi les femmes ne filent-elles pas ou ne tricotent-elles pas, au lieu de faire de la politique?

— Que voulez-vous, Sire, — madame de Maintenon, madame de Pompadour et madame Dubarry leur en ont fait perdre l'habitude.

Puis il continua :

— Il a été provoqué par une malice profonde, débattu avec acharnement, décrété avec enthousiasme. — Tout le monde est aveuglé à l'endroit de ce malheureux décret. — Si vous y appliquez votre veto, il n'en aura pas moins lieu. — Au lieu de vingt mille hommes assemblés par une loi, et que l'on peut, par conséquent, soumettre à des ordonnances, il arrivera des provinces, à l'époque de la fédération qui approche, quarante mille hommes sans décret, qui peuvent renverser du même coup la constitution, l'Assemblée et le trône. Si nous avions été vainqueurs au lieu d'avoir été vaincus, — ajouta Dumouriez en baissant la voix ; — si j'avais eu un prétexte pour faire Lafayette général en chef, et pour mettre cent mille hommes dans sa main, Sire, je vous dirais : « N'acceptez pas. » — Nous sommes battus à l'extérieur, à l'intérieur, je vous dis : « Sire, acceptez ! »

En ce moment on gratta à la porte du roi.

— Entrez ! dit Louis XVI.

C'était le valet de chambre Thierry.

— Sire, dit-il, M. Duranton, le ministre de la justice, demande à parler à Votre Majesté.

— Que veut-il me dire ? — Voyez cela, monsieur Dumouriez.

Dumouriez sortit.

Au même instant, la tapisserie qui tombait devant la porte de communication qui donnait chez la reine se souleva, et Marie-Antoinette parut.

— Sire, dit-elle, tenez ferme. Ce Dumouriez est un Jacobin comme les autres. N'a-t-il pas mis le bonnet rouge ? — Quant à Lafayette, vous savez ; j'aime mieux me perdre sans lui, que d'être sauvée par lui.

Et comme on entendait les pas de Dumouriez qui se rapprochaient de la porte, la tapisserie retomba, et la vision disparut.

VI

Le Veto.

Comme la tapisserie venait de retomber, la porte se rouvrait.

— Sire, dit Dumouriez, sur la proposition de M. Vergniaud, le décret contre les prêtres vient de passer.

Oh! dit le roi en se levant, c'est une

conspiration. Et comment le décret est-il conçu ?

— Le voici, Sire; M. Duranton vous l'apportait, j'ai pensé que Votre Majesté me ferait l'honneur de m'en dire particulièrement son avis avant d'en parler en conseil.

— Vous avez eu raison. Donnez-moi ce papier.

Et d'une voix tremblante d'agitation, le roi lut :

« Tout prêtre qui aura refusé le serment, sera déporté.

« La déportation aura lieu dans le délai d'un mois, si elle est demandée par vingt citoyens actifs, approuvée par le district, prononcée par le département.

« Le déporté aura trois livres par jour, comme frais de route, jusqu'à la frontière. »

Le roi froissa le papier entre ses mains, et le jeta loin de lui.

— Je ne sanctionnerai jamais un pareil décret, dit-il.

— Excusez-moi, Sire, dit Dumouriez, d'être, cette fois encore, d'un avis opposé à celui de Votre Majesté.

— Monsieur, dit le roi, je puis hésiter en matière politique, en matière religieuse jamais. En matière politique, je juge avec mon esprit, et l'esprit peut faillir; en matière religieuse, je juge avec ma conscience, et la conscience est infaillible.

— Sire, dit Dumouriez, il y a un an vous avez sanctionné le décret du serment des prêtres.

— Eh, Monsieur! s'écria le roi, j'ai eu la main forcée!

— Sire, c'était à celui-là qu'il fallait mettre votre veto ; le second décret n'est que la conséquence du premier. Le premier décret a produit tous les maux de la France; celui-ci est le remède à ces maux ; il est dur, mais pas cruel. Le premier était une loi religieuse; il attaquait la liberté de penser en matière de culte ; celui-ci est une loi politique qui ne concerne que la sûreté et la tranquillité du royaume : c'est la sûreté des prêtres non assermentés contre la persécution. Loin de les sauver par votre veto, vous leur ôtez le secours d'une loi ; vous les exposez à être massacrés, et les Français à devenir leurs bourreaux. Ainsi, mon avis, Sire, excusez la franchise d'un soldat, mon avis est, qu'ayant, j'ose le dire, fait la faute de sanctionner le décret du serment des prêtres, votre veto appliqué à ce second décret, qui peut arrêter le déluge de sang prêt à couler, votre veto, Sire, chargera la conscience de Votre Majesté de tous les crimes auxquels le peuple se portera.

— Mais à quels crimes voulez-vous donc qu'il se porte, Monsieur, plus grands que ceux qu'il a déjà accomplis ? dit une voix qui venait du fond de l'appartement.

Dumouriez tressaillit à cette voix vibrante ; il avait reconnu le timbre métallique de l'accent de la reine.

— Ah ! Madame, dit-il, j'eusse mieux aimé tout terminer avec le roi !

— Monsieur, dit la reine avec un sourire amer pour Dumouriez et un regard presque méprisant pour le roi, je n'ai qu'une question à vous faire...

— Laquelle, Madame ?

— Croyez-vous, Monsieur, que le roi

doive supporter plus longtemps les menaces de Roland, les insolences de Clavières et les fourberies de Servan?

— Non, Madame, dit Dumouriez; j'en suis indigné comme vous. J'admire la patience du roi, et si nous abordons ce point, j'oserai supplier le roi de changer entièrement son ministère.

— Entièrement, fit le roi?

— Oui, que Votre Majesté, nous renvoie tous les six, et qu'il choisisse, s'il en peut trouver, des hommes qui ne soient d'aucun parti.

— Non, non, dit le roi, non; je veux que vous restiez, vous et le bon Lacoste, et Duranton aussi; mais rendez-moi le service de me débarrasser de ces trois factieux insolents ; car, je vous le jure, Monsieur, ma patience est à bout.

— La chose est dangereuse, Sire.

— Et vous reculez devant le danger, dit la reine.

— Non, Madame, reprit Dumouriez; seulement je poserai mes conditions.

— Vos conditions, fit hautainement la reine.

Dumouriez s'inclina.

— Dites, Monsieur, répondit le roi.

— Sire, reprit Dumouriez, je suis en butte aux coups des trois factions qui divisent Paris : Feuillans, Gironde,

Jacobins tirent sur moi à qui mieux mieux ; je suis entièrement dépopularisé ; et comme ce n'est que par l'opinion publique que l'on peut retenir quelques fils du gouvernement, je ne peux réellement vous être utile qu'à une condition.

— Laquelle ?

— C'est qu'on dise bien haut, Sire, que je ne suis resté, moi et mes deux collègues, que pour sanctionner les deux décrets qui viennent d'être rendus.

— Cela ne se peut pas, s'écria le roi.

— Impossible, impossible, répéta la reine.

— Vous refusez ?...

— Mon plus cruel ennemi, Monsieur, dit le roi, ne m'imposerait pas des conditions plus dures que celles que vous me faites.

— Sire, dit Dumouriez, sur ma foi de gentilhomme.... sur mon honneur de soldat, je les crois nécessaires à votre sûreté.

Puis se tournant vers la reine :

— Madame, lui dit-il, si ce n'est pour vous-même, si l'intrépide fille de Marie-Thérèse, non-seulement méprise le danger, mais, comme sa mère, est prête à marcher au-devant de lui, Madame, songez que vous n'êtes pas seule ; songez au roi, à vos enfants ; au lieu de les pousser à l'abîme, joignez-vous à moi pour retenir Sa Majesté sur le bord du précipice où penche le trône. Si j'ai cru la sanction des deux décrets nécessaire avant que Sa Majesté m'exprimât son désir d'être débarrassée de trois factieux qui lui pèsent, jugez combien, en les renvoyant, je la juge indispensable, si vous renvoyez les ministres sans sanctionner les décrets. Le peuple aura deux motifs de vous en vouloir : vous passerez pour un ennemi de la Constitution, et les ministres renvoyés pour des martyrs, et je ne réponds pas que d'ici à quelques jours les plus graves événements ne mettent à la fois en péril votre couronne et votre vie. Quant à moi, je préviens votre Majesté que je ne puis, même pour la servir aller, je ne dirai pas contre mes principes, mais contre mes convictions. Duranton et Lacoste pensent comme moi; cependant je ne puis répondre pour eux. Mais quant à moi, Sire, je vous l'ai dit et je vous le répète, je ne resterai au conseil que si Votre Majesté sanctionne les décrets.

Le roi fit un mouvement d'impatience.

Dumouriez s'inclina et s'achemina vers la porte.

Le roi échangea un regard rapide avec la reine.

— Monsieur, dit celle-ci.

Dumouriez s'arrêta.

— Monsieur, continua-t-elle, songez donc, combien il est dur pour le roi de sanctionner un décret qui amène à Paris vingt mille coquins qui peuvent nous massacrer.

— Madame, dit Dumouriez, le danger est grand, je le sais, voilà pourquoi il faut le regarder en face, mais non l'exagérer; le décret dit que le pouvoir exécutif indiquera le lieu de rassemblement de ces 20,000 hommes qui ne sont pas tous des coquins, il dit aussi que le ministre de la guerre se chargera de leur donner des officiers et un mode d'organisation.

— Mais M. le ministre de la guerre c'est Servan.

— Non Sire, le ministre de la guerre, du moment où Servan se retire, c'est moi.

— Ah! oui, vous, — dit le roi.

— Vous prendrez donc le ministère de la guerre? demanda la reine.

— Oui, Madame, et je tournerai contre vos ennemis, je l'espère, l'épée suspendue au-dessus de votre tête.

Le roi et la reine se regardèrent de nouveau, comme pour se consulter.

—Suposez, continua Dumouriez, que j'indique Soissons comme emplacement du camp, que je nomme là, comme commandant, un lieutenant général ferme et

sage avec deux bons maréchaux de-
camp, on formera ces hommes par bataillons, à mesure qu'il y en aura quatre
ou cinq d'assemblés et d'armés, le ministre profitera des demandes des généraux pour les envoyer à la frontière et
alors, vous le voyez bien, Sire, ce décret
fait à mauvaise intention, loin d'être
nuisible deviendra utile.

Mais, dit le roi, êtes-vous sûr d'obtenir
la permission de faire ce rassemblement
à Soissons ?

— J'en réponds.

— En ce cas, dit le roi, prenez donc
le ministère de la guerre.

— Sire, dit Dumouriez, au ministère

des affaires étrangères, je n'ai qu'une responsabilité légère et indirecte ; il en est tout autrement de celle de la guerre, vos généraux sont mes ennemis, vous venez de voir leur faiblesse ; je répondrai de leur faute ; mais il s'agit de la vie de Votre Majesté et de la sûreté de la reine, et de celle de ses augustes enfants, du maintien de la Constitution, j'accepte; nous voilà donc d'accord sur ce point, Sire, de la sanction du décret des 20,000 hommes.

— Si vous êtes ministre de la guerre, Monsieur, je me fie entièrement à vous.

— Alors venons au décret des prêtres.

— Celui-là, Monsieur, je vous l'ai dit, je ne le sanctionnerai jamais.

— Sire, vous vous êtes mis vous-même dans la nécessité de sanctionner le second, en sanctionnant le premier.

— J'ai fait une première faute, je me la reproche, ce n'est point une raison pour en faire une seconde.

— Sire, si vous ne sanctionnez pas ce décret, la seconde faute sera bien plus grande que la première.

— Sire ! dit la reine.

Le roi se retourna vers Marie-Antoinette.

— Et vous aussi Madame !

— Sire, dit la reine, je dois avouer, que sur ce point et après les explications qu'il nous a données, je suis de l'avis de M. Dumouriez.

— Eh bien! alors, dit le roi.

— Alors, Sire, répéta Dumouriez.

— J'y consens, mais à la condition que le plutôt possible vous me débarrasserez des trois factieux.

— Croyez, Sire, dit Dumouriez, que je saisirai la première occasion et je suis sûr, Sire, cette occasion ne se fera pas attendre.

Et saluant le roi et la reine, Dumouriez se retira.

Tous deux suivirent des yeux le nouveau ministre de la guerre jusqu'à ce que la porte fut refermée.

— Vous m'avez fait signe d'accepter, dit le roi, maintenant qu'avez-vous à me dire.

— Acceptez d'abord le décret des 20,000 hommes, dit la reine, laissez lui faire son camp à Soissons, laissez lui disperser ses hommes et après, eh bien! après vous verrez ce que vous aurez à faire pour le décret des prêtres.

— Mais il me rappellera ma parole, Madame.

— Bon! il sera compromis, et vous le tiendrez.

— C'est lui au contraire qui me tiendra, Madame, il aura ma parole.

— Bon, dit la reine, il y a remède à cela, quand on est élève de M. de Lavauguyon.

Et prenant le bras du roi, elle l'entraîna dans la chambre voisine.

VII

L'occasion.

Nous l'avons dit, la véritable guerre du moment était entre la rue Guénégaud et les Tuileries, entre la reine et Madame Roland.

Chose étrange, chacune avait sur son mari une influence qui conduisait les quatre têtes à l'échafaud.

Seulement chacun y alla par une route opposée.

Les événements que nous venons de raconter, s'étaient passés le 10 juin, le 11 au soir, Servan entra tout joyeux chez Madame Roland.

— Félicitez-moi, chère amie, dit-il, j'ai l'honneur d'être chassé du conseil.

— Comment cela? demanda Madame Roland.

— Voilà textuellement la chose : ce matin, je me suis rendu chez le roi pour l'entretenir de quelques affaires de mon département et ces affaires terminées, j'ai attaqué chaudement la question du camp de vingt mille hommes, mais...

— Mais ?

— Mais au premier mot que j'en ai dit, le roi m'a tourné le dos de fort mauvaise humeur, et ce soir, au nom de Sa Majesté, M. Dumouriez est venu me prendre le portefeuille de la guerre ?

— Dumouriez.

— Oui.

— Il joue là un vilain rôle, mais qui ne me surprend pas; demandez à Roland ce que je lui en ai dit, le jour où je l'ai vu pour la première fois; d'ailleurs nous sommes prévenus qu'il est journellement en conférence avec la reine.

— C'est un traître.

— Non, mais un ambitieux; allez cherchez Roland et Clavières.

— Où est Roland ?

— Il donne des audiences au ministère de l'intérieur.

— Et vous, qu'allez-vous faire, pendant ce temps-là ?

— Une lettre que je vous communiquerai à votre retour, allez.

— Vous êtes en vérité la fameuse

déesse Raison que les philosophes invoquent depuis si longtemps.

— Et que les gens de conscience ont trouvée ; ne revenez pas sans Clavières.

— Cette recommandation sera cause probablement de quelque retard.

— J'ai besoin d'une heure.

— Faites, et que le génie de la France vous inspire.

Servan sortit, la porte refermée à peine, Madame Roland était à son bureau et écrivait la lettre suivante :

« Sire,

« L'état actuel de la France ne peut

subsister longtemps; c'est un état de crise dont la violence a atteint le plus haut degré, il faut qu'il se termine par un éclat qui doit intéresser Votre Majesté autant qu'il importe à tout l'empire.

« Honoré de votre confiance, et placé dans un poste, où je vous dois la vérité, j'oserai vous la dire, c'est une obligation qui m'est imposée par vous-même, les Français se sont donnés une Constitution, elle a fait des mécontents et des rebelles; la majorité de la nation la veut maintenir au prix de son sang, et elle a vu avec joie la guerre civile qui lui offrait un grand moyen de l'assurer; cependant la minorité, soutenue par des espérances, a réuni tous ses efforts pour emporter l'avantage; de là, cette lutte intestine contre les lois, cette anarchie dont gémissent les bons citoyens et dont les malveillants ont bien soin de se prévaloir pour calomnier le nouveau régime. De là cette division partout excitée, car nulle part il n'existe d'indifférents; on veut, ou le triomphe ou le changement de la Constitution, on agit pour la soutenir ou pour l'altérer. Je m'abstiendrai d'examiner ce qu'elle est en elle-même, pour considérer seulement ce que les circonstances exigent, et me rendant étranger à la chose, autant qu'il est possible, je chercherai ce que l'on peut attendre et ce qu'il convient de favoriser.

« Votre Majesté, jouissait de grandes

prérogatives qu'elle croyait appartenir à la royauté; élevée dans l'idée de les conserver, elle n'a pu se les voir enlever avec plaisir ; le désir de se les faire rendre était aussi naturel que le regret de les voir anéantir. Ces sentiments qui tiennent à la nature du cœur humain ont du entrer dans le calcul des ennemis de la révolution, ils ont donc compté sur une faveur secrète, jusqu'à ce que les circonstances permissent une protection déclarée ; ces dispositions ne pouvaient échapper à la nation elle-même, et elles ont dû la tenir en défiance; Votre Majesté a donc été constamment dans l'alternative de céder à ses premières habitudes, à ses affections particulières, ou de faire des sacrifices dictés par la philosophie, exigés par la nécessité, par conséquent d'enhardir les rebelles, en inquiétant la nation, ou d'appaiser celle-ci en vous unissant avec eux ; tout a son terme, et celui de l'incertitude est enfin arrivé.

« Votre Majesté peut-elle aujourd'hui s'allier ouvertement avec ceux qui prétendent réformer la Constitution? ou doit-elle généreusement se dévouer sans réserve à la faire triompher? Telle est la véritable question dont l'état actuel des choses rend la solution inévitable.

« Quant à cette thèse métaphysique de savoir si les Français sont murs pour la liberté, la discussion ne fait rien ici, car il ne s'agit pas de juger ce que nous serons devenus dans un siècle d'ici, mais de voir ce dont est capable la génération présente.

« La déclaration des droits est devenue un évangile politique, et la Constitution française, une religion pour laquelle le peuple est prêt à périr. Aussi l'emportement a-t-il été déjà quelquefois jusqu'à suppléer à la loi, et lorsque celle-ci n'était pas assez réprimante, pour contenir les perturbateurs, les citoyens se sont permis de les punir eux-mêmes ; c'est ainsi que des propriétés d'émigrés, ou de personnes reconnues pour être de leur parti, ont été exposées aux ravages qu'inspirait la vengeance ; c'est pourquoi tant de départements ont été obligés de sévir contre les prêtres que l'opinion avait proscrits et dont elle aurait fait des victimes.

« Dans ce choc des intérêts, tous les sentiments ont pris l'accent de la passion. La patrie n'est point un mot que l'imagination se soit complue d'embellir ; c'est un être auquel on a fait des sacrifices, à qui l'on s'attache chaque jour davantage, par les sollicitudes qu'il cause, qu'on a créé par de grands efforts qui s'élève au milieu des inquiétudes, et qu'on aime parce qu'il coute, autant que parce qu'on en espère ; toutes les atteintes qu'on lui porte sont des moyens d'enflammer l'enthousiasme pour elle.

« A quel point cet enthousiasme va-t-il monter, à l'instant où les forces ennemies, réunies au dehors, se concertent avec les intrigants intérieurs, pour porter les coups les plus funestes?

La fermentation est extrême dans toutes les parties de l'empire, elle éclatera d'une manière terrible, à moins qu'une confiance raisonnée dans les intentions de Votre Majesté ne puisse enfin la calmer; mais cette confiance, ne s'établira pas sur des protestations, elle ne saurait plus avoir pour base que des faits.

Il est évident pour la nation française, que sa constitution peut marcher, que le gouvernement aura toute la force qui lui est nécessaire du moment où Votre Majesté voulant absolument le triomphe de cette constitution, soutiendra le Corps législatif de toute la puissance de l'exécution, ôtera tout prétexte aux inquiétudes du peuple et tout espoir aux mécontents.

« Par exemple, deux décrets importants ont été rendus, tous deux intéressent essentiellement la tranquillité publique et le salut de l'État; le retard de leur sanction inspire des défiances; s'il est prolongé, il causera des mécontents, et, je dois le dire, *dans l'effervescence actuelle des esprits, les mécontentements peuvent mener à tout.*

« Il n'est plus temps de reculer, il n'y

a même plus moyen de temporiser; la révolution est faite dans les esprits, elle s'achèvera au prix du sang et sera cimentée par lui, si la sagesse ne prévient pas des malheurs qu'il est encore possible d'éviter.

Je sais qu'on peut imaginer, tout opérer et tout contenir par des mesures extrêmes; mais quand on aurait employé la force pour contraindre l'Assemblée, quand on aurait répandu l'effroi dans Paris, la division et la stupeur dans ses environs, toute la France se lèverait avec indignation, et, se déchirant elle-même dans les horreurs d'une guerre civile, développerait cette sombre énergie, mère des vertus et des crimes, toujours funeste à ceux qui l'ont provoquée.

« Le salut de l'État et le bonheur de Votre Majesté sont intimement liés ; aucune puissance n'est capable de les séparer ; de cruelles angoisses et des malheurs certains environneront votre trône s'il n'est appuyé par vous-même sur les bases de la Constitution et affermi dans la paix que son maintien doit enfin nous procurer.

« Ainsi la disposition des esprits, le cours des choses, les raisons de la politique, l'intérêt de Votre Majesté, rendent indispensables l'obligation de s'unir au Corps législatif et de répondre au vœu de la nation ; ils sont une nécessité de ce que les principes présentent comme devoirs, mais la sensibilité naturelle à ce peuple affectueux est prête à y trouver un motif de reconnaissance. On vous a cruellement trompé, Sire, quand on vous a inspiré de l'éloignement et de la méfiance de ce peuple facile à toucher ; c'est en vous inquiétant perpétuellement qu'on vous a porté à une conduite propre à l'alarme ; que lui-même soit convaincu que vous êtes résolu à faire marcher cette Constitution à laquelle il a attaché sa félicité, et bientôt vous deviendrez le sujet de ses actions de grâces.

« La conduite des prêtres en beaucoup d'endroits, les prétextes que fournissait le fanatisme aux mécontents, ont fait porter une loi sage contre des perturbateurs ; que Votre Majesté lui donne sa sanction, la tranquillité publique la réclame et le salut des prêtres la sollicite. Si cette loi n'est en vigueur, les départements seront forcés de lui substituer, comme ils font de toute part, des mesures violentes, et le peuple irrité y suppléera par des excès.

« Les tentatives de nos ennemis, les agitations qui se sont manifestées dans la capitale, l'extrême inquiétude qu'avait manifesté la conduite de votre garde et qu'entretiennent encore les témoignages de satisfaction qu'on lui a fait donner par Votre Majesté par une proclamation vraiment impolitique dans les circonstances; la situation de Paris, sa proximité des frontières, ont fait sentir le besoin d'un camp dans son voisinage ; cette mesure, dont la sagesse et l'urgence ont frappé tous les bons esprits, n'attend encore que la sanction de Votre Majesté. Pourquoi faut-il que des retards lui donnent l'air du regret, lorsque la célérité lui gagnait tous les cœurs? Déjà les tentatives de l'état-major de la garde nationale parisienne contre cette mesure ont fait soupçonner qu'il agissait par inspiration supérieure. Déjà les déclamations de quelques démagogistes outrés réveillent les soupçons de leur rapport avec les intérêts au renversement de la Constitution; déjà l'opinion compromet toutes les intentions de Votre Majesté. Encore quelques délais, et le peuple, contristé, verra dans son roi l'ami et le complice des conspirateurs.

« Juste ciel ! auriez-vous frappé d'aveuglement les puissances de la terre, et n'auront-elles jamais que des conseils qui les entraînent à leur ruine ?

« Je sais que le langage austère de la vérité est rarement accueilli près du trône; je sais aussi que c'est parce qu'il ne s'y fait jamais entendre que les révolutions deviennent nécessaires; je sais surtout que je dois le tenir à Votre Majesté, non-seulement comme citoyen soumis aux lois, mais comme ministre honoré de sa confiance ou revêtu de fonctions qui la supposent, et je ne connais rien qui puisse m'empêcher de remplir un devoir dont j'ai la conscience.

« C'est dans le même esprit que je réitérerai mes représentations à Votre Majesté sur l'obligation et l'utilité d'exécuter la loi qui prescrit d'avoir un secrétaire au conseil ; la seule existence de la loi parle si puissamment, que l'exécution semblerait devoir suivre sans retardement ; mais il importe d'employer tous les moyens de conserver, aux délibérations, la gravité, la sagesse et la maturité nécessaires, et pour des ministres responsables, il faut un moyen de constater leurs opinions ; si celui-là eût existé, je ne m'adresserais pas par écrit en ce moment à Votre Majesté.

« La vie n'est rien pour l'homme qui estime ses devoirs au-dessus de tout ; mais après le bonheur de les avoir remplis, le bien auquel il soit encore sensible, c'est celui de prouver qu'il l'a fait avec fidélité, et cela même est une obligation pour l'homme public.

« Le 10 juin 1792 (l'an IV de la liberté). »

La lettre venait d'être achevée, elle avait été tracée tout d'un trait, lorsque Servan, Clavières et Roland rentrèrent.

En deux mots, madame Roland exposa le plan aux trois amis.

La lettre qu'on allait lire entre trois serait relue le lendemain aux trois ministres absents, Dumouriez, Lacoste et Duranton.

Ou ils l'approuveraient et joindraient leur signature à celles de Roland,

Ou ils la refuseraient, et Servan, Clavières et Roland donneraient collectivement leur démission motivée sur le refus fait par leur collègue de signer une lettre qui leur paraissait à eux exprimer la véritable opinion de la France.

Alors on déposerait la lettre à l'Assemblée nationale, et il ne resterait plus de doute à la France sur la cause de la sortie des trois ministres patriotes.

La lettre fut lue aux trois amis, qui ne

trouvèrent pas un mot à y changer ; madame Roland était une âme commune où chacun venait puiser l'élixir de patriotisme.

Mais il n'en fut pas de même le lendemain à la lecture faite par Roland à Dumouriez, Duranton et Lacoste.

Tous trois approuvaient l'idée, mais différaient sur la manière de l'exprimer ; finalement ils refusèrent de signer, disant qu'il valait mieux se rendre en personne chez le roi.

C'était une façon d'éluder la question.

Roland, le soir même, envoya au roi la lettre signée de lui seul.

Le soir même, Lacoste remettait à Roland et à Clavières leur congé.

Comme l'avait dit Dumouriez.

L'occasion ne s'était pas fait attendre.

Il est vrai aussi que le roi ne l'avait pas manquée.

Le lendemain, ainsi que la chose avait été convenue, la lettre de Roland était lue à la tribune en même temps que l'on annonçait son renvoi et celui de ses deux collègues, Clavières et Servan.

L'Assemblée déclara à une immense majorité que les trois ministres renvoyés avaient *bien mérité de la patrie*.

Ainsi la guerre était déclarée à l'intérieur comme à l'extérieur.

L'Assemblée n'attendait plus pour porter le premier coup, que de savoir ce que le roi allait faire à l'endroit des deux décrets.

IX

L'élève de M. le duc de Lavauguyon.

Au moment où l'Assemblée votait par acclamation des remerciements, au nom de la patrie, aux trois ministres sortants, et l'impression et l'envoi dans les départements de la lettre de Roland, Dumouriez parut à la porte de l'Assemblée.

On le savait brave, on l'ignorait audacieux.

Il avait su ce qui se passait, et venait hardiment attaquer le taureau par les cornes.

Le prétexte de sa présence à l'Assemblée en ce moment était un mémoire remarquable sur l'état de nos forces militaires. Ministre de la guerre depuis la veille, il avait fait et fait faire ce travail pendant la nuit : c'était une accusation contre Servan, qui, en réalité, tombait sur Degrave, et surtout sur Narbonne, son prédécesseur.

Servan n'avait été ministre que pendant dix à douze jours.

Dumouriez arrivait bien fort ; il quittait le roi qu'il venait de conjurer d'être fidèle à la double parole donnée à l'endroit de la sanction des deux décrets, et le roi lui avait répondu non-seulement en lui renouvelant sa promesse, mais en lui affirmant que les ecclésiastiques qu'il avait consultés, pour mettre sa conscience à couvert, avaient tous été du même avis que Dumouriez.

Aussi le ministre de la guerre marcha-t-il droit à la tribune ; il y monta au milieu de cris confus et de hurlements féroces.

Arrivé là, il demanda froidement la parole.

La parole lui fut accordée au milieu d'un épouvantable tumulte.

Enfin la curiosité qu'on avait d'entendre ce qu'allait dire Dumouriez fit que l'on se calma.

— Messieurs, dit-il, le général Gouvion vient d'être tué, Dieu l'a récompensé de son courage ; il est mort en combattant les ennemis de la France. — Il est bien heureux ; il n'est pas témoin de nos affreuses discordes. — J'envie son sort !

Ces quelques paroles dites avec une grande hauteur et une profonde mélancolie firent impression sur l'Assemblée ; en outre, cette mort faisait diversion aux premiers sentiments. — On délibéra sur ce que l'Assemblée devait faire pour marquer son regret à la famille du général, et l'on décida que le président écrirait une lettre.

Alors Dumouriez redemanda une seconde fois la parole.

Elle lui fut accordée.

Il tira son mémoire de sa poche ; mais à peine en eût-il lu le titre :

Mémoire sur le ministère de la guerre, — que Girondins et Jacobins se mirent à hurler, afin qu'on n'en permît pas la lecture.

Alors, au milieu du bruit, le ministre

lut l'exorde d'un accent si élevé, d'une voix si claire, que l'on entendit que cet exorde était dirigé contre les factions, et roulait sur les égards dus à un ministre.

Un pareil aplomb était fait pour exaspérer les auditeurs de Dumouriez, eussent-ils même été dans une disposition d'esprit moins irritable.

— L'entendez-vous, s'écria Guadet, il se croit déjà si sûr de la puissance, qu'il ose nous donner des conseils.

— Pourquoi pas? répondit tranquillement Dumouriez, en se tournant vers la Montagne.

Il y a longtemps que nous l'avons dit,

ce qu'il y a de plus prudent en France, c'est le courage. — Le courage de Dumouriez imposa à ses adversaires. — On se tut, ou du moins on voulut entendre, et l'on écouta.

Le mémoire était savant, lumineux, habile ; si prévenu que l'on fût contre le ministre, à deux endroits on applaudit.

Lacuée, qui était membre du comité militaire, monta à la tribune pour répondre à Dumouriez. — Alors celui-ci roula son mémoire, et le remit tranquillement dans sa poche.

Les Girondins virent ce mouvement, un d'eux s'écria :

— Le voyez-vous, le traître, il remet son mémoire dans sa poche; il veut s'enfuir avec son mémoire, empêchons-le; cette pièce servira à le confondre.

Mais, à ces cris, Dumouriez, qui n'avait pas fait un pas vers la porte, tira le mémoire de sa poche, et le remit à l'huissier.

Un secrétaire tendit aussitôt la main, et, l'ayant reçu, chercha la signature.

— Messieurs, s'écria le secrétaire, le mémoire n'est pas signé.

— Qu'il le signe, s'écria-t-on de toutes parts.

— C'était bien mon intention, dit Dumouriez, et il est assez religieusement fait pour que je n'hésite pas à y mettre mon nom. Donnez-moi de l'encre et une plume.

On lui donna une plume toute trempée dans l'encre.

Il mit son pied sur les marches de la tribune, et signa le mémoire sur ses genoux.

L'huissier, alors, le voulut reprendre, mais Dumouriez lui écarta le bras de la main, et alla déposer le mémoire sur le bureau; puis, à petits pas, et s'arrêtant d'instant en instant, il traversa la salle et sortit par la porte située au-dessous de la Montagne.

Tout au contraire de l'entrée, qui avait été couverte de cris et de huées, cette sortie fut accompagnée du plus grand silence : les spectateurs des tribunes se précipitèrent dans les corridors pour voir cet homme qui venait d'affronter toute une assemblée. A la porte des Feuillants, il fut entouré de trois ou quatre cents personnes, qui se pressaient autour de lui avec plus de curiosité que de haine, comme si, au bout du compte, elles eussent pu prévoir que, trois mois plus tard, il sauverait la France à Valmy.

Trois ou quatre députés royalistes

sortirent de la Chambre les uns après les autres, et accoururent à Dumouriez.
— Pour eux, il n'y avait aucun doute, le général était des leurs. C'était justement ce que Dumouriez avait prévu, et voilà pourquoi il avait fait promettre au roi de donner sa sanction aux deux décrets.

— Eh! général, lui dit l'un d'eux, ils font le diable là dedans.

— Ils lui doivent bien cela, répondit Dumouriez, car je ne sais que le diable qui ait pu les faire.

— Vous ne savez pas, lui dit un autre, il est question à l'Assemblée de vous envoyer à Orléans et de vous y faire votre procès.

— Bon, dit Dumouriez, j'ai besoin de vacances, j'y prendrai des bains et du petit lait, et je m'y reposerai.

— Général, lui cria un troisième, ils viennent de décréter l'impression de votre mémoire.

— Tant mieux, c'est une maladresse qui me ramènera tous les impartiaux.

Ce fut au milieu de ce cortège et de ces avis qu'il arriva au château.

Le roi le reçut à merveille, — il était compromis a point.

Le nouveau conseil était assemblé.

En renvoyant Servan, Roland et Clavières, Dumouriez avait du pourvoir à leur remplacement.

Pour ministre de l'intérieur il avait proposé Mourgues, de Montpellier, protestant, membre de plusieurs académies, ancien Feuillant qui s'était retiré du club.

Le roi l'avait accepté.

Pour ministre des affaires étrangères, il avait proposé de Maulde, Semonville ou Naillac.

Le roi avait opté pour Naillac.

Pour les finances il avait proposé Vergenne, neveu de l'ancien ministre, le choix avait parfaitement convenu au roi qui l'avait envoyé chercher sur-le-champ;

Mais celui-là tout en montrant au roi un profond attachement avait refusé.

On avait décidé alors que le ministre de l'intérieur tiendrait par intérim le ministère des finances, et que Dumouriez, par intérim aussi, en attendant Naillac absent de Paris, se chargerait des affaires étrangères.

Seulement, en dehors du roi, les quatre ministres qui ne se dissimulaient point la gravité de la situation, étaient convenus que si le roi après avoir obtenu le renvoi de Servan, Clavières et Roland, ne tenait pas la promesse au prix de laquelle ce renvoi avait été fait, ils donneraient leur démission.

Le nouveau conseil, disons-nous, était donc assemblé.

Le roi savait déjà ce qui s'était passé à l'Assemblée, — il félicita Dumouriez sur l'attitude qu'il avait tenue, mais remit au lendemain la sanction du camp de vingt mille hommes, et celle du décret des prêtres.

Il objectait un scrupule de conscience qui, disait-il, devait être levé par son confesseur.

Les ministres se regardèrent, un premier doute s'était glisé dans leur cœur.

Mais à tout prendre, la conscience timorée du roi pouvait avoir besoin de ce délai pour se raffermir.

Le lendemain, les ministres revinrent sur la question de la veille.

Mais la nuit avait fait son œuvre, la volonté sinon la conscience du roi s'était raffermie ; il déclara qu'il opposait son veto au décret.

Les quatre ministres, l'un après l'autre, Dumouriez le premier à qui la parole avait été engagée, parlèrent au roi avec respect mais avec fermeté.

Mais le roi les écouta fermant les yeux,

dans l'attitude d'un homme dont la résolution est prise.

En effet quand ils eurent fini.

— Messieurs, dit le roi, j'ai écrit une lettre au président de l'Assemblée pour lui faire part de ma résolution, — un de vous la contre-signera, et tous quatre *la porterez ensemble* à l'Assemblée.

C'était un ordre, tout-à-fait dans le sentiment de l'ancien régime, mais mal sonnant aux oreilles des ministres constitutionnels, par conséquent responsables.

— Sire, dit Dumouriez après avoir

consulté du regard ses collègues, n'avez-vous rien de plus *à nous ordonner?*

— Non, répondit le roi et il se retira.

Les ministres demeurèrent et, séance tenante, résolurent de demander une audience pour le lendemain.

Ils étaient convenus de n'entrer dans aucune explication, mais de donner une démission unanime.

Dumouriez rentra chez lui, le roi avait voulu le jouer et y avait presque réussi, — lui le fin politique, le diplomate rusé, le général au courage doublé d'intrigues.

Il y trouva trois billets de personnes différentes qui lui annonçaient des rassemblements dans le faubourg Saint-Antoine, et des conciliabules chez Santerre.

Il écrivit aussitôt au roi pour le prévenir de ce qu'on lui annonçait.

Une heure après, il recevait ce billet, non signé du roi, mais écrit de sa main.

« Ne croyez pas, Monsieur, qu'on parvienne à m'effrayer par des menaces, mon parti est pris. »

Dumouriez saisit une plume, et à son tour, écrivit :

« Sire, vous me jugez mal, si vous m'avez cru capable d'employer un pareil moyen. Mes collègues et moi avons eu l'honneur d'écrire à Vôtre Majesté pour qu'elle nous fasse la grâce de nous recevoir demain à dix heures du matin ; je supplie, en attendant Votre Majesté de vouloir bien me choisir un successeur qui puisse me remplacer sous vingt-quatre heures, vu l'instance des affaires du département de la guerre et d'accepter ma démission.

Il fit porter cette lettre par son secrétaire afin d'être sûr d'en avoir la réponse.

Le secrétaire l'attendit jusqu'à minuit, et à minuit et demi, revint avec ce billet:

— Je verrai demain mes ministres à

dix heures, et nous parlerons de ce que vous m'écrivez.

Il était évident que la contre-révolution se tramait au château.

On avait en effet des forces sur lesquelles on pouvait compter.

Une garde constitutionnelle de six mille hommes, licenciée, mais prête à se réunir au premier appel.

Sept à huit mille chevaliers de Saint-Louis, dont le ruban rouge était le signe de ralliement.

Trois bataillons suisses de seize cents hommes chacun, troupe d'élite inébranlable, comme les rochers de leurs montagnes.

Puis, mieux que tout cela, une lettre de Lafayette dans laquelle se trouvait cette phrase :

— « Persistez, Sire, fort de l'autorité que l'Assemblée nationale vous a déléguée, vous trouverez tous les bons Français rangés autour de votre trône. »

Voilà ce que l'on pouvait faire, voilà ce que l'on proposait :

D'un coup de filet, réunir garde constitutionnelle, chevaliers de Saint-Louis et suisses.

Enlever le même jour, à la même

heure, les canons des sections, fermer les Jacobins et l'Assemblée, rallier tous les royalistes de la garde nationale, on pouvait compter sur quinze mille hommes, et attendre Lafayette qui, en trois jours de marche forcée pouvait venir des Ardennes à Paris.

Par malheur, la reine ne voulait pas entendre parler de Lafayette.

Lafayette c'était la révolution modérée, et à l'avis de la reine, cette révolution là pouvait s'établir, persister, tenir.

La révolution des Jacobins, au contraire, à l'avis de la reine, pousserait bientôt le peuple à bout, et ne pouvait avoir aucune consistance.

Oh ! si Charny eût été là, mais on ne savait pas même où était Charny, et l'eût-on su, c'était un trop grand abaissement, sinon pour la reine, du moins pour la femme, que de recourir à lui.

La nuit se passa au château tumultueuse et en délibération, on avait les moyens de défense et même d'attaque, mais pas une main assez forte pour les réunir et les diriger.

A dix heures du matin, les ministres étaient chez le roi.

C'était le 16 juin.

Le roi les reçut dans sa chambre.

Duranton porta la parole.

Au nom de tous, avec un respect tendre et profond, il présenta la démission de ses confrères et la sienne.

— Oui, je comprends, dit le Roi, — la responsabilité...

— Sire, s'écria Lacoste, — la responsabilité royale, oui. — Quant à nous, croyez-le bien, nous sommes prêts à mourir pour Votre Majesté, mais en mourant pour les prêtres, nous ne ferions que hâter la chute de la royauté.

Louis XVI se tourna vers Dumouriez.

— Monsieur, lui dit-il, êtes-vous toujours dans les sentiments que m'exprimait votre lettre d'hier.

— Oui, Sire, répondit Dumouriez, si Votre Majesté ne se laisse pas vaincre par notre fidélité et notre attachement.

— Eh bien! dit le roi d'un air sombre, puisque votre parti est pris, j'accepte votre démission, j'y pourvoirai.

Tous quatre saluèrent, Mourgues avait sa démission toute écrite, il la donna au Roi.

Les trois autres la donnèrent de bouche.

Les courtisans attendaient dans l'antichambre, ils virent sortir les quatre ministres, et comprirent à leur air que tout était fini.

Les uns s'en réjouirent ; les autres s'en effrayèrent.

L'atmosphère s'alourdissait comme dans les chaudes journées d'été.

On sentait venir l'orage.

A la porte des Tuileries, Dumouriez rencontra le commandant de la garde nationale, M. de Romainvillier.

Il venait d'arriver en toute hâte.

— Monsieur le ministre, dit-il, je viens prendre vos ordres.

— Je ne suis plus ministre, Monsieur, répondit Dumouriez.

— Mais il y a des rassemblements dans les faubourgs.

— Allez prendre les ordres du Roi.

— Cela presse.

— Hâtez-vous alors, le roi vient d'accepter ma démission.

M. de Romainvillier s'élança par les degrés.

Le 17 au matin, Dumouriez vit entrer chez lui, M. de Chambonnas et Lajard, tous deux se présentaient de la part du roi.

Chambonnas, pour recevoir le portefeuille des relations extérieures.

Lajard pour celui de la guerre.

Le roi attendait le lendemain matin 18, Dumouriez, pour en finir avec lui de son dernier travail de comptabilité et de dépenses secrètes.

En le voyant reparaître au château, on crut qu'il rentrait en place, et on se pressa autour de lui pour le féliciter.

— Messieurs, dit Dumouriez, prenez garde, vous avez affaire, non pas à un homme qui rentre, mais à un homme qui sort, je viens rendre mes comptes.

Le vide se fit.

En ce moment, un huissier annonça que le roi attendait M. Dumouriez dans sa chambre.

Le Roi avait repris toute sa sérénité.

Etait-ce force d'âme, était-ce sécurité trompeuse ?

Dumouriez rendit ses comptes.

Le travail fini, Dumouriez se leva.

— Ainsi donc, lui dit le roi, en se renversant dans son fauteuil, vous allez rejoindre l'armée de Luckner ?

— Oui, Sire, je quitte avec délices cette affreuse ville, et n'ai qu'un regret, c'est de vous y laisser en danger.

— Oui, dit le Roi avec une apparente indifférence, je le connais.

— Sire, ajouta Dumouriez, vous devez

comprendre que maintenant je ne vous parle plus par intérêt personnel, — une fois éloigné du conseil, je suis à tout jamais séparé de vous, — c'est donc par fidélité, c'est donc au nom de l'attachement le plus pur, c'est donc pour l'amour de la patrie, pour votre salut, pour celui de la couronne, de la reine, de vos enfants, c'est donc au nom de tout ce qui est cher et sacré, au cœur de l'homme, que je supplie Votre Majesté de ne point persister à appliquer son veto. — Cette obstination ne servira à rien, et vous vous perdrez, Sire.

— Ne m'en parlez plus ; dit le Roi avec impatience, mon parti est pris.

— Sire, Sire, vous m'avez dit la même

chose ici, dans cette même chambre, devant la reine, quand vous m'avez promis de sanctionner les décrets.

— J'ai eu tort de vous le promettre, Monsieur, et je m'en repens.

— Sire, je vous le répète, c'est la dernière fois que j'ai l'honneur de vous voir, pardonnez-moi donc ma franchise, j'ai cinquante-trois ans et de l'expérience, — ce n'est pas alors, ce n'est pas quand vous m'avez promis de sanctionner les décrets que vous avez eu tort ; c'est aujourd'hui que vous refusez de tenir votre promesse.

On abuse votre confiance, Sire, on vous mène à la guerre civile, vous êtes sans force, vous succomberez, et l'histoire, tout en vous plaignant, vous reprochera d'avoir causé les malheurs de la France.

— Les malheurs de la France, Monsieur, dit Louis XVI, c'est à moi, prétendez-vous, qu'on les reprochera.

— Oui, Sire.

— Dieu m'est cependant témoin que je ne veux que son bonheur.

— Je n'en doute pas, Sire, mais vous devez compte à Dieu, non-seulement de la pureté, mais de l'usage éclairé de vos intentions. — Vous croyez sauver la religion, vous la détruisez ; — les prêtres seront massacrés, votre couronne brisée roulera dans votre sang, dans celui de la reine, dans celui de vos enfants peut-être. — Oh! mon roi! mon roi!

Et Dumouriez, suffoquant, appliqua ses lèvres sur la main que lui tendait Louis XVI.

Le Roi, alors avec une sérénité parfaite, et une majesté dont on l'eût cru incapable.

— Vous avez raison, Monsieur, dit-il, je m'attends à la mort, et je la pardonne d'avance à mes meurtriers. — Quant à vous, vous m'avez bien servi, je vous estime, et vous sais gré de votre sensibilité; — adieu, Monsieur.

Et, se levant vivement, le roi se retira dans l'embrâsure d'une fenêtre.

Dumouriez se releva, ramassa lentement ses papiers pour avoir le temps de composer son visage, et donner au roi celui de le rappeler, puis, à pas lents, il se dirigea vers la porte, prêt à revenir au premier mot que lui dirait Louis XVI.

Mais ce premier mot fut en même temps le dernier.

— Adieu, Monsieur, soyez heureux, dit le roi.

Il n'y avait pas moyen de rester un instant de plus après ces paroles.

Dumouriez sortit.

La royauté venait de rompre avec son dernier soutien, — le roi venait d'ôter son masque.

Il se trouvait visage découvert devant le peuple.

Voyons ce qu'il faisait de son côté, — ce peuple !

X

Un conciliabule à la rue de Charenton.

Un homme s'était promené toute la journée dans le faubourg Saint-Antoine, — en habit de général, monté sur un gros cheval flamand, donnant des poignées de main à droite et à gauche, —

embrassant les belles filles, payant à boire aux garçons.

C'était un des six héritiers de M. de Lafayette, la monnaie en gros sous du commandant de la garde nationale, — c'était ce chef de bataillon Santerre.

Près de lui, comme marcherait un aide-de-camp près de son général, — chevauchait, sur un vigoureux cheval, un homme, qu'à son costume, on pouvait reconnaître pour un patriote campagnard.

Une cicatrice laissait sa trace sur son front, et autant le chef de bataillon avait le sourire franc, la figure ouverte, autant lui avait l'air sombre et la physionomie menaçante.

— Tenez-vous prêts, — mes bons amis, — veillez sur la nation, les traîtres conspirent contre elle, mais nous sommes là, disait Santerre.

— Que faut-il faire, monsieur Santerre? répondaient les faubouriens; vous savez que nous sommes à vous. — Où sont les traîtres? — conduisez-nous contre eux.

— Attendez, disait Santerre, quand le moment sera venu.

— Et le moment vient-il?

Santerre n'en savait rien, mais, à tout hasard, il répondait :

— Oui, oui, soyez tranquilles, on vous préviendra.

Et l'homme qui suivait Santerre se penchait sur le cou de son cheval, parlant à certains hommes qu'il reconnaissait à certains signes, et il disait :

— Le 20 juin, — le 20 juin, — le 20 juin.

Et les hommes s'en allaient avec cette date, — à dix, vingt, trente pas, un groupe se formait autour d'eux, et cette date circulait.

— 20 juin !

— Que ferait-on le 20 juin ? — On n'en savait rien encore, mais ce que l'on savait, — c'est que le 20 juin, on ferait quelque chose.

Au nombre des adeptes, à qui cette date venait d'être communiquée, on pouvait reconnaître quelques hommes qui ne sont point étranger aux événements que nous avons déjà racontés.

Saint-Huruge, que nous avons vu partir, le 5 octobre, au matin, du Palais-Royal, emmenant une première troupe à Versailles ; — Saint-Huruge, ce mari trompé par sa femme avant 89, mis à la Bastille, délivré le 14 juillet, et se vengeant sur la noblesse et la royauté de ses malheurs conjugaux et de son incarcération illégale.

Verrières, vous le connaissez n'est-ce pas ? il nous est apparu deux fois, ce bossu de l'Apocalypse, fendu jusqu'au menton, une fois dans le cabaret de Sèvres, avec Marat et le duc d'Aiguillon, déguisé en femme ; une autre fois au Champ-de-Mars, un instant avant que le feu commençât.

Fournier-l'Américain, qui a tiré sur Lafayette, à travers les roues d'une voiture et dont le fusil a raté. — Il se promet cette fois-ci de frapper plus haut que le commandant de la garde nationale, et, pour que son fusil ne rate pas, il frappera avec une épée.

M. de Beausire, dont nous n'avons pas entendu parler depuis longtemps, et qui n'a pas profité du temps où nous l'avons laissé dans l'ombre pour s'amender, — qui a repris mademoiselle Oliva des mains de Mirabeau, mourant, comme le chevalier des Grieux reprenait Manon Lescaut des mains qui, après l'avoir soulevée un instant de la boue, la laissait retomber dans la fange.

Mouchet, un petit homme tordu, boiteux, bancal, afffublé d'une énorme écharpe tricolore, lui couvrant la moitié du corps, — officier municipal, — juge de paix, — que sais-je.

Gonchon, le Mirabeau du peuple, — que Pitou trouvait plus laid encore que le Mirabeau de la noblesse, — Gonchon, qui disparaissait avec l'émeute, — comme dans une féérie, — disparaît pour reparaître plus tard et toujours plus ardent, plus terrible, plus envenimé, le démon dont l'auteur n'a plus besoin momentanément.

Puis, au milieu de toute cette foule réunie autour des ruines de la Bastille, comme sur un autre Mont-Aventin, passait et repassait un jeune homme maigre, pâle, aux cheveux plats, aux yeux pleins d'éclairs, — solitaire comme l'aigle qu'il devait prendre plus tard pour emblême, ne connaissant personne et que personne ne connaissait.

C'était le lieutenant d'artillerie Bonaparte, par hasard en congé à Paris et sur lequel, on se le rappelle, le jour où il avait paru aux Jacobins, — Cagliostro avait fait à Gilbert une si étrange pédiction.

Par qui était mue, remuée, excitée cette foule! Par un homme à la puissante encolure, à la crinière de lion, à la voix rugissante que Santerre devait trouver en rentrant chez lui, dans son arrière-boutique où il l'attendait.

Par Danton.

C'est l'heure où le terrible révolutionnaire, qui n'est guère connu encore que par le bruit qu'il a fait au parterre du Théâtre-Français, aux représentations de Charles IX, de Chénier, et par sa terrible éloquence à la tribune des Cordeliers, — fait sa véritable apparition sur la scène politique, où il va étendre ses bras de géant.

D'où vient la puissance de cet homme? qui va être si fatale à la royauté.

De la reine elle-même.

Elle n'a pas voulu de Lafayette à la mairie de Paris, la haineuse Autrichienne; elle lui a préféré Pétion, l'homme du voyage de Varennes, — qui, à peine à la mairie, s'est mis en lutte avec le roi en ordonnant de surveiller les Tuileries.

Pétion avait deux amis qu'il conduisit à sa droite et à sa gauche, le jour où il prit possession de l'Hôtel-de-Ville.

Manuel à sa droite.

Danton à sa gauche.

Il avait fait de Manuel, **le procureur de la commune.**

De Danton, son substitut.

Vergniaud avait dit, à la tribune, en montrant les Tuileries :

— La terreur est souvent sortie de ce palais funeste, au nom de la royauté, — qu'elle y rentre au nom de la loi.

Eh bien! l'heure était venue de traduire par un acte matériel la belle et terrible image de l'orateur de la Gironde;

il fallait aller chercher la terreur dans le faubourg Saint-Antoine et la pousser toute effarée avec ses cris discordants et ses bras tordus, dans le palais de Catherine de Médicis.

Qui pouvait mieux l'évoquer que ce terrible magicien révolutionnaire que l'on appelait Danton.

Danton avait les épaules larges, la main puissante, une athlétique poitrine, où battait un robuste cœur. — Danton! c'était le tam! tam des révolutions, le coup qu'il recevait, il le rendait à l'instant par une vibration puissante, qui se répandait sur la foule en l'enivrant. Danton touchait d'un côté au peuple par

Hébert, de l'autre au trône par le duc d'Orléans. — Danton, entre le marchand de contremarque du coin de la rue, et le prince royal du coin du trône, Danton avait devant lui tout un clavier intermédiaire, dont chaque touche correspondait à une fibre sociale.

Jetez les yeux sur cette gamme ; elle parcourt deux octaves et est en harmonie avec sa puissante voix.

Hébert, — Legendre, — Gonchon, — Rossignol, — Momoro, — Brune, — Huguenin, — Rolando, — Santerre, — Fabre d'Eglantine, — Camille-Desmoulin, — Dugazon, — Lazouski, — Sillery, Genlis, — le duc d'Orléans.

Puis, remarquez-bien que nous ne posons ici que les limites visibles. — Maintenant, qui nous dira jusqu'où descend ou jusqu'où s'élève cette puissance au-delà des limites où notre œil la perd?

Eh bien! c'était cette puissance qui soulevait le faubourg Saint-Antoine.

Dès le 16, un homme à Danton, le polonais Lazouski, membre du conseil de la commune, lance l'affaire.

Il annonce au Conseil que, le 20 juin, les deux faubourgs, le faubourg Saint-Antoine et le faubourg Saint-Marceau, présenteront des pétitions à l'Assemblée et au Roi, au sujet du veto sur le camp de 20,000 hommes et les prêtres, et du même coup, planteront sur la terrasse des Feuillants un arbre de liberté, en mémoire du jeu de paume du 20 juin 1789.

Le conseil refusa son autorisation.

— On s'en passera, souffla tout bas Danton à l'oreille de Lazouski.

Et Lazouski répéta tout haut :

— On s'en passera !

Donc, cette date du 20 juin avait une signification visible et une signification cachée.

L'une, qui était le prétexte.

Présenter une pétition au roi et planter un arbre de liberté.

L'autre, qui était le but connu de quelques adeptes seulement.

Sauver la France de Lafayette et des Feuillants et avertir l'incorrigible roi, le roi de l'ancien régime, qu'il y a de telles tempêtes politiques, qu'un monarque peut y sombrer avec son trône, sa couronne, sa famille, comme dans les abîmes de l'Océan, un vaisseau s'engloutit corps et biens.

Danton, nous l'avons dit, attendait Santerre dans son arrière-boutique ; la veille, il lui avait fait dire par Legendre qu'il lui fallait pour le lendemain un commencement de soulèvement dans le faubourg Saint-Antoine.

Puis, le matin, Billot s'était présenté chez lui, avait fait le signe de reconnaissance, et lui avait annoncé que pour toute la journée, le comité l'attachait à sa personne.

Voilà comment Billot, tout en ayant l'air d'être l'aide-de-camp de Santerre, en savait plus que Santerre lui-même.

Danton venait prendre avec Santerre rendez-vous pour la nuit du lendemain, dans une petite maison de Charenton, retirée sur la rive droite à l'extrémité du pont.

Là, devaient se trouver tous ces hommes aux existences étranges, inconnues, qu'on rencontre toujours, dirigeant le courant des émeutes.

Chacun fut exact au rendez-vous.

Les passions de tous ces hommes étaient diverses. Où avaient-elles pris leur source? Ce serait toute une sombre histoire à écrire. — Quelques-uns agissaient par amour de la liberté, — beaucoup, — comme Billot, par vengeance d'insultes reçues, plus encore par haine, par misère, par mauvais instincts.

Au premier était une chambre fermée, où seuls avaient le droit d'entrer les chefs. — ils en descendaient avec des instructions précises, exactes, suprêmes : — on eut dit un tabernacle où quelque Dieu inconnu rendait ses arrêts.

Une carte immense de Paris était ouverte sur une table.

Le doigt de Danton y traçait les sources, les affluents, le cours et le point de jonction de ces ruisseaux, de ces rivières, de ces fleuves d'hommes, qui, le surlendemain, devaient inonder Paris.

La place de la Bastille, où l'on débouche par les rues Saint-Antoine, par le quartier de l'Arsenal, par le faubourg Saint-Marceau, en traversant la Seine, fût indiquée comme lieu de rassemblement.

L'Assemblée comme prétexte,

Les Tuileries comme but.

Le boulevart était la route large et sûre dans laquelle devait s'écouler tout ce flot grondant.

Les postes assignés à chacun, — chacun ayant promis de s'y rendre, on se sépara.

Le mot d'ordre général était :

— En finir avec le château.

De quelle manière en finirait-on ?

— Ceci restait dans le vague.

Pendant toute la journée du 19, des

groupes stationnèrent sur l'emplacement de la Bastille, aux environs de l'Arsenal, dans le faubourg Saint-Antoine.

Tout-à-coup, — au milieu de ces groupes, parut une hardie et terrible amazone, — vêtue de rouge, avec une ceinture armée de pistolets, et au côté ce sabre, qui devait, au milieu de dix-huit blessures, chercher et trouver le cœur de Suleau.

C'était Théroigne de Méricourt, la belle liégeoise.

Nous l'avons vue sur la route de Versailles, le 5 octobre, puis, tout-à-coup, elle a disparue ; — qu'est-elle donc devenue depuis ce temps ?

Liége s'est révolté ; elle a voulu aller au secours de sa patrie, elle a été arrêtée en route par les agents de Léopold et retenue dix-huit mois dans les prisons de l'Autriche.

A-t-elle fui? l'a-t-on laissé sortir? a-t-elle scié ses barreaux ? a-t-elle séduit son geôlier ? Tout cela est mystérieux, comme le commencement de sa vie, —terrible, comme la fin.

Enfin, elle revient, la voilà : de courtisanne de l'opulence, elle est devenue la prostituée du peuple, — la noblesse lui a donné l'or avec lequel elle achètera les lames aux fines trempes, les pistolets damasquinés dont elle frappera ses ennemis.

Aussi le peuple la reconnaît et l'accueille avec de grands cris.

Comme elle arrive bien, — vêtue de rouge ainsi, la belle Théroigne, pour la fête sanglante du lendemain!

La reine l'a vue galopper le long de la terrasse des Feuillants le 19, — elle se rend de la place de la Bastille aux Champs-Élysées, du rassemblement populaire, au banquet patriotique.

Des mansardes des Tuileries, où la reine est montée, aux cris qu'elle a entendus, — elle découvre des tables dressées, — le vin circule, les chants patriotiques retentirent, et à chaque toast : A l'Assemblée! à la Gironde! à la liberté! les convives montrent le poing aux Tuileries.

L'acteur Dugazon y chante des couplets contre le roi et contre la reine, et du château, le roi et la reine peuvent entendre les applaudissements qui suivent chaque refrain.

Quels sont les convives?

Les fédérés de Marseille, conduits par Barbaroux : ils sont arrivés de la veille et ont trouvé les fédérés Bretons arrivés depuis cinq jours.

Le 18 juin, — le 10 août a fait son entrée dans Paris.

XIII

Le 20 juin.

Le jour vient de bonne heure, au mois de juin.

A cinq heures du matin, les bataillons étaient rassemblés.

Cette fois l'émeute était régularisée,

elle avait pris l'aspect d'une invasion.

La foule reconnaissait des chefs, subissait une discipline, avait sa place marquée, son rang, — son drapeau.

Santerre était à cheval avec un état-major d'hommes du faubourg.

Billot ne le quittait pas, on eut dit qu'il était chargé par quelque pouvoir occulte de veiller sur lui.

Le rassemblement était divisé en trois corps d'armée.

Santerre commandait le premier.

Saint-Huruge le second.

Théroigne de Méricourt, le troisième.

Vers onze heures du matin, sur un ordre apporté par un homme inconnu, l'immense masse se mit en marche.

A son départ de la Bastille, elle se composait de vingt mille hommes à peu près.

Cette troupe offrait un aspect sauvage, étrange, terrible.

Le bataillon conduit par Santerre était le plus régulier, il y avait bon nombre d'uniformes, et comme armes, un certain nombre de fusils et de baïonnettes.

Mais les deux autres :

C'était l'armée du peuple.

Armée en haillons, — hâve, — amaigrie, — trois années de disette et de cherté de pain, et, sur ces trois années, deux de révolutions.

Voilà le gouffre d'où cette armée sortait.

Aussi là, — pas d'uniformes, pas de fusils.

Des vestes en lambeaux, des blouses déchirées, des armes bizarres saisies dans un premier moment de colère, dans un premier mouvement de défense.

Des piques, — des broches, — des lances émoussées, des sabres sans poignée, des couteaux liés au bout de longs bâtons, des haches de charpentier, des marteaux de maçon, des tranchets de cordonniers.

Puis, pour étendard, une potence avec une poupée, se balançant à une corde et représentant la reine. — Une tête de bœuf avec ses cornes, auxquelles s'entrelace une devise obscène ; — un cœur de veau piqué au bout d'une broche avec ces mots :

— Cœur d'aristocrate !

Puis des drapeaux, avec ces légendes :

— La sanction où la mort !

— Rappel des ministres patriotes !

— Tremble, tyran, ton heure est venue !

Le rassemblement s'était fendu à l'angle de la rue Saint-Antoine.

Santerre et sa garde nationale avaient suivi le boulevard, Santerre avait son costume de chef de bataillon.

Saint-Huruge, en fort de la halle, sur un cheval parfaitement caparaçonné que lui avait amené un palefrenier inconnu, et Théroigne de Méricourt, couché sur un canon traîné par des hommes aux bras nus, suivaient la rue Saint-Antoine.

On devait, par la place Vendôme, se rejoindre aux Feuillants.

Pendant trois heures, l'armée défila,

entraînant dans sa marche la population des quartiers qu'elle traversait.

Elle était pareille à ces torrents qui, en grossissant, bondissent et écument.

A chaque carrefour elle grossissait, à chaque angle de rue, elle écumait.

La masse de ce peuple était silencieuse, — seulement, tout-à-coup, d'une façon inattendue, elle sortait de ce silence par d'immenses clameurs, par le fameux : *Ça ira*, de 1790, qui, se modifiant peu à peu, devenait, d'un chant d'encouragement, un chant de menace. — Enfin par les cris de : *Vive la nation! Vive les sans-culotte! A bas M. et madame Veto!*

Longtemps avant les têtes de colonnes, on entendait le bruit des pas de cette multitude, comme on entend le bruit d'une marée qui monte. Puis, de temps en temps, retentissait l'éclat de ses chants, de ses rumeurs, de ses cris, comme retentit le sifflement de la tempête à travers les airs.

Arrivé à la place Vendôme, le corps d'armée de Santerre, qui portait le peuplier qu'on devait planter sur la terrasse des Feuillants, trouva un poste de gardes nationaux qui lui barra le passage. Rien n'était plus facile à cette masse que de broyer le poste entre ses mille replis. — Non, le peuple s'était promis une fête, il voulait rire, s'amuser, effrayer M. et madame Veto; il ne voulait pas tuer. Ceux qui portaient l'arbre abandonnèrent le projet de le planter sur la terrasse et allèrent le planter dans la cour voisine des Capucines.

L'Assemblée entendait tout ce bruit depuis près d'une heure, quand les commissaires de cette multitude demandèrent, pour ceux qu'ils représentaient, la faveur de défiler devant elle.

Vergniaud demanda l'admission, mais en même temps qu'on envoyât soixante députés pour protéger le château.

Eux aussi, les Girondins, voulaient effrayer le roi et la reine, mais ne voulaient pas qu'on leur fît de mal.

Un Feuillant s'y opposa, disant que cette précaution serait injurieuse pour le peuple de Paris.

N'y avait-il pas l'espérance d'un crime sous cette apparente confiance?

L'admission est accordée.

Le peuple des faubourgs défilera en armes dans la salle.

Aussitôt les portes s'ouvrent et livrent passage aux trente mille pétitionnaires.

Le défilé commença à midi et s'acheva à trois heures.

La foule a obtenu la première partie

de ce qu'elle demandait ; elle a défilé devant l'Assemblée, elle a lu sa pétition, il lui reste à aller demander au roi sa sanction.

Quand l'Assemblée avait reçu la députation, le moyen que le roi ne la reçût pas ? Le roi n'était pas à coup sûr plus grand seigneur que le président, puisque, lorsque le roi venait voir le président, il n'avait qu'un fauteuil pareil au sien, et encore était-il à sa gauche.

Aussi le roi avait-il fait répondre qu'il recevrait la pétition présentée par vingt personnes.

Le peuple n'avait jamais cru entrer aux Tuileries, il comptait que ses députés entreraient tandis que lui défilerait sous les fenêtres.

Tous ces drapeaux à devises menaçantes, tous ces étendards funestes, il les ferait voir au roi et à la reine à travers les grilles.

Toutes les portes donnant sur le château étaient fermées; il y avait, tant dans la cour que dans le jardin des Tuileries, trois régiments de ligne, deux escadrons de gendarmerie, plusieurs bataillons de garde nationale et quatre pièces de canon.

La famille royale voyait des fenêtres cette protection apparente et paraissait assez tranquille.

Cependant la foule, sans mauvaise intention toujours, demandait qu'on lui ouvrît la grille qui donnait sur la terrasse des Feuillants.

Les officiers qui la gardaient refusèrent de l'ouvrir sans l'ordre du roi.

Alors trois officiers municipaux demandèrent à passer pour aller quérir cet ordre.

On les laissa passer.

Montjoie, l'auteur de l'histoire de Marie-Antoinette, a conservé leur nom.

C'étaient : Bouchet-René, — Bouché-Saint-Sauveur et Mouchet.

Mouchet, ce petit juge de paix du Marais, — tortu, bancal, déjeté, nain à l'immense écharpe tricolore.

Ils furent admis au château et conduits au roi.

Ce fut Mouchet qui porta la parole.

— Sire, dit-il, — un rassemblement marche légalement sous l'égide de la loi ; il ne faut pas avoir d'inquiétude, des citoyens paisibles se sont réunis pour faire une pétition à l'Assemblée nationale et veulent célébrer une fête civique à l'occasion du serment prononcé au jeu de paume en 1789.—Ces citoyens demandent à passer par la terrasse des Feuillants, où non-seulement la grille est fermée, mais où un canon en batterie leur défend le passage. — Nous venons vous demander, Sire, que cette grille soit ouverte et qu'il leur soit accordé un libre passage.

— Monsieur, répondit le roi, je vois à votre écharpe que vous êtes officier municipal; c'est donc à vous de faire exécuter la loi; si vous le jugez nécessaire au dégagement de l'Assemblée, faites ouvrir la porte de la terrasse des Feuillants; que les citoyens défilent par cette terrasse et sortent par la porte des écuries. Entendez-vous donc à cet effet avec M. le commandant général de la garde, et surtout faites en sorte que la tranquillité publique ne soit pas troublée.

Les trois municipaux saluèrent et sortirent accompagnés d'un officier chargé de constater que l'ordre d'ouvrir la grille était bien donné par le roi lui-même.

On ouvrit la grille.

La grille ouverte, chacun voulut sortir.

Il y eut étouffement. — Vous savez ce que c'est que la foule qui étouffe, c'est la vapeur qui éclate et brise.

La grille de la terrasse des Feuillants craqua comme une claie d'osier.

La foule respira et se répandit joyeuse dans le jardin.

On avait négligé d'ouvrir la porte des écuries.

Trouvant cette porte fermée, la foule défila devant les gardes nationaux rangés en haie contre la façade du château.

Puis elle sortit par la porte du quai.

Puis comme il fallait, à tout prendre, qu'elle retournât à son faubourg, elle voulut rentrer par les guichets du Carrousel.

Les guichets étaient fermés et gardés.

Mais la foule, brisée, meurtrie, bousculée, commence à s'irriter.

Devant son grondement les guichets s'ouvrent et la foule se répand sur l'immense place.

Là elle se rappelle que la principale

affaire de la journée c'est la pétition au roi pour qu'il lève son veto.

Il en résulte qu'au lieu de continuer son chemin, la foule attend dans le Carrousel.

Une heure se passe, elle s'impatiente.

Elle se serait bien en allée, mais ce n'était point l'affaire des meneurs.

Il y avait là des gens qui allaient de groupe en groupe et qui disaient :

— Restez, — mais restez donc, le roi va donner la sanction, — ne rentrons chez nous qu'avec la sanction du roi, — ou ce sera à recommencer.

La foule trouvait que ces gens-là avaient parfaitement raison; mais en même temps elle réfléchissait que cette fameuse sanction se faisait bien attendre.

FIN DU QUATORZIÈME VOLUME.

Sceaux. — Imp. de E. Dépée.

TABLE

DU QUATORZIÈME VOLUME.

—

Chap. I. Un ministre de la façon de madame de
Staël. 1
II. Les Dumouriez. 43
III. Derrière la tapisserie. 74
IV. Le bonnet rouge. 107
V. La rue Guénégaud et les Tuileries. . . 161
VI. Le veto. 187
VII. L'occasion. 207
VIII. L'élève de M. le duc de Lavauguyon. 233
IX. Un conciliabule à la rue de Charenton. 269
X. Le 20 juin. 293

Sceaux, imp. de E. Dépée.

Ouvrages de Paul Féval.

Le Tueur de Tigres.	2 vol.
Les Parvenus.	3 vol.
La Sœur des Fantômes.	3 vol.
Le Capitaine Simon.	2 vol.
La Fée des Grèves.	3 vol.
Les Belles de nuit.	8 vol.

Ouvrages de G. de la Landelle.

Le Château de Noirac.	2 vol.
L'Honneur de la Famille.	2 vol.
Les Princes d'Ébène.	5 vol.
Falcar-le-Rouge.	5 vol.
Les Iles de Glace.	4 vol.
Le Morne-aux-Serpents.	2 vol.
Une Haine à bord.	2 vol.

Ouvrages d'Alexandre de Lavergne.

Il faut que jeunesse se passe.	3 vol.
Sous trois Rois.	2 vol.
La Princesse des Ursins.	2 vol.
Un Gentilhomme d'aujourd'hui.	3 vol.
Le dernier Seigneur de Village. Le Secret de la Confession.	2 vol.

Fontainebleau, imprimerie de E. Jacquin.

www.ingramcontent.com/pod-product-compliance
Lightning Source LLC
Chambersburg PA
CBHW060645170426
43199CB00012B/1675